Einhorn: Ein sehr hoch bewertetes Start-Up mit ca. 1 Mrd. € (theoretischen) Unternehmenswert.

Einhornscheiß: Der ganze Mist, den man als Start-Up Gründer falsch macht, weil man sein Start-Up wie ein Hobby und nicht wie ein ernstes Business behandelt.

Kai Friedrich Grund

Einhornscheiß

Hört auf Euer Start-Up wie ein Hobby zu behandeln!

Impressum

Bibliografische Information der Deutschen Nationalbibliothek: Die Deutsche Nationalbibliothek verzeichnet diese Publikation in der Deutschen Nationalbibliografie; detaillierte bibliografische Daten sind im Internet über http://dnb.dnb.de abrufbar.

Autor: Kai Friedrich Grund
München
1. Auflage, veröffentlicht 2018

Illustration: Adrian Renner
Herstellung und Verlag: BoD – Books on Demand, Norderstedt
ISBN: 9783746025155

Inhalt

Vorwort: Was ist Einhornscheiß und worum geht es hier überhaupt?

„Entrepreneurship is kind of the new smoking, it's cool to be creative, it's cool to be making something" – aus dem Film "The Startup Kids[1]".

In einem unspektakulären Burger-Restaurant im Frankfurter Bankenviertel hatte ich im Sommer 2015 die Schnauze voll von der Start-Up-Welt: Die Rechnung für meinen Burger mit Pommes und Getränk belief sich auf etwa 28€ und ich würde mich noch Wochen nach dem Termin in Frankfurt über den hohen Preis ärgern. Noch mehr würde ich mich aber über mich selbst ärgern, da ich eher ein Studentenleben lebte als das eines erfolgreichen Gründers, der sich auch mal einen überteuerten Burger leisten kann. Ich ärgerte mich darüber, dass ich 60 Stunden pro Woche arbeitete, über Jahre hinweg und mit meiner Gründung kein richtiges Geld verdiente. Rückblickend waren dies die ersten ernstzunehmenden Gedanken, das Gründerdasein an den Nagel zu hängen und etwas „Solides" mit meinem Leben anzufangen.

Es war der Abend, an dem ich innerlich pauschal alle Start-Ups als Einhornscheiß (= nicht erfolgreiche Hobby-Start-Ups, die nie richtig Cash verdienen) beschimpfte, weil ich auf einmal einsah, dass viele Gründer – inklusive mir – eine Unternehmensgründung wie ein Hobby und nicht wie ein

---

[1] Vala Halldorsdottir, „The Startup Kids", 2012

Business behandeln; dass insbesondere viele Gründer eines Start-Ups einem Einhorn-Traum hinterherrennen und ihn niemals realisieren werden. Es war der Abend an dem ich kapierte, dass ich ein gescheitertes Unternehmen an der Backe hatte und ich mich teilweise erfolgreicher gefühlt hatte, als ich eigentlich war. Ein knappes halbes Jahr später löste ich die Firma auf und legte eine Pause vom Gründersein ein.

Seit diesem Burger-Erlebnis habe ich mich immer wieder gefragt, wie es zu diesem Einhornscheiß gekommen ist und wie man jahrelang an einem Unternehmenserfolg arbeiten kann, ihn aber nie erreicht. Ich möchte in diesem Buch aufzeigen, woran ihr erkennt, ob ihr Euer Start-Up wie ein Hobby behandelt!

In den kommenden Kapiteln geht es unter anderem um diese Fragen:

1) Warum „fake-it-till-you-make-it" dazu führt, dass viele Gründer in einer Blender- und Traumtänzer-Welt leben.

2) Warum man sich wahnsinnig busy und beschäftigt fühlt, ohne sich auf die einzig wahre Sache zu konzentrieren: das Geldverdienen.

3) Warum die „Ich bin Gründer, Ärmel hoch und alles selber machen" Mentalität oft der falsche Weg ist.

4) Warum man gerade als Akademiker zu verkopft an viele Sachen herangeht.

5) Warum Innovation nichts für Anfänger ist.

6) Warum Gründer, die über ihr Start-Up nicht reden, keine Vorbilder für Euch sind.

7) Was Start-Ups von Konzernen lernen können.

Ein Start-Up zu gründen ist gerade hip, cool, en vogue, wie auch immer man es nennen mag - fast schon eine Art Life

Style. Aber genau weil es ein gewisses Trendthema ist und überwiegend motivierende Start-Up Literatur dazu vorliegt, gehen Risiken und „ehrliche" Meinungen meist unter. Es wird über Success-Stories gesprochen, motivierende Impulsvorträge gezeigt, Fördergelder vergeben, amerikanische „Can-Do-Literatur" und sogar Start-Up-Dokumentationen und Filme angeboten. Aber eben wenig im Segment, was ich „Einhornscheiß" nenne: Die dunkle Seite des Start-Up Daseins, den Mist den man selber macht, was alles nicht klappt, wie viele Gründer sich selbst im Weg stehen, wie viel sie sich teils unbewusst, teils bewusst belügen oder zumindest nicht ganz die Wahrheit sehen wollen, um ihrem Business nicht zu schaden sondern die Kraft aufrecht halten möchten, um fortzufahren.

„Einhornscheiß" meint kurz gesagt die ganzen Fehler die man im Start-Up-Alltag macht; das Halbwissen, mit dem man meint, erfolgreich sein zu können.

Das Buch soll dabei helfen, einige dieser Fehler zu vermeiden, so dass es hoffentlich bald ein paar mehr deutsche Einhörner gibt!

Das Buch soll auch einige Tabus brechen, und tritt damit bestimmt einigen in der Start-Up Szene auf die Füße – Sorry, aber manchmal muss man die Gründer aus den Einhornwolken reißen und zum Nachdenken zwingen!

Wie ich genau zu diesem Thema gekommen bin, erfahrt ihr im folgenden Kapitel.

Einige meiner Start-Up Projekte

Vor circa 13 Jahren kam ich erstmals mit der Start-Up-Szene und der Entrepreneurship-Faszination in Berührung. Bereits mit 19 Jahren, vor meinem Studium, lebte und arbeitete ich während eines Forschungspraktikums an einer Universität in Australien. Eigentlich mit dem Ziel, die Pharmakologie und Toxikologie von diversen Schlangengiften zu analysieren. Während des Forschungspraktikums wuchs allerdings meine erste Gründungsidee heran - ungeplant und nicht direkt in Zusammenhang stehend mit dem Praktikum. Es ging dabei um so ziemlich genau das, was das heutige Research Gate ist (Research Gate ist heute ein riesiges soziales Netzwerk für Forscher, mit öffentlich zugänglichen wissenschaftlichen Papern, eine Mischung aus Xing und Facebook für Forscher-Nerds). Nur habe ich nicht Research Gate entwickelt, sondern nur eine Idee die mit dieser identisch war und leider niemals von mir fertig gestellt wurde. Ich war wohl zu jung, langsam und unerfahren um das Potenzial auszuschöpfen. Aber diese drei Monate in Australien, während ich tagsüber im Labor stand und abends an einem Businessplan schrieb, waren für mich sehr prägend. Ich war begeistert von der Idee, ein leeres Blatt Papier mit Ideen, Analysen und Konzepten zu schaffen. Die Faszination vom Gründen war fortan immer an meiner Seite.

Während meines Studiums der Biomedizin in Würzburg kam ich in Kontakt mit einer studentischen Unternehmensberatung, die auch heute noch in nostalgischer und positiver Erinnerung ist. Hier konnte ich als Berater bei einer Uni-Ausgründung für eine neuartige, computergestützte Therapie mitarbeiten. Auch heute, mehr als zehn Jahre nach der Ausgründungsberatung existiert die Firma noch; zwar weiß ich nicht wie erfolgreich, aber sie existiert noch. Und meine Unterstützung bei der Auswahl des richtigen Geschäftsmodells, der Mithilfe beim Businessplan war ein kleiner aber wichtiger Baustein dazu.

Aufbauend auf dem Biomedizinstudium, das mich nicht wirklich erfüllte, ging es zwei Jahre nach Schweden, um meine Liebe für das Gründen weiter zu vertiefen. Ich startete den Master in Business Creation and Entrepreneurship, damit meine Karriere nicht in einem unterbezahlten Universitätslabor enden würde.

Während dieser Zeit las ich ungefähr jedes Buch zum Thema Start-Up, das damals verfügbar war (alle Klassiker, wie beispielsweise Lean Startup, Crossing the Chasm, Blue Ocean Strategy, Nail it scale it, Rich Dad Poor Dad, Business Model Generation, Innovator's Dilemma, Built to Sell und viele mehr). Ich war fasziniert von der Menge an interessanter Literatur zum Thema Gründung und Unternehmensführung und wollte alles hierzu wissen.

Aber ohne Praxiserfahrung ist all das theoretische Wissen wenig wert: Während des Studiums arbeitete ich eng mit zahlreichen etablierten und auch mit erst im Aufbau befindlichen Start-Ups in Schweden zusammen. Ob eine Firma, die personalisierte Bandscheiben-Implantate herstellt, neuartige, cloudbasierte Diabetesmessgeräte entwickelt, oder eine Forschergruppe, die das „Wundermittel" für Intelligenzsteigerung in Form von Tabletten entdeckt haben will. Während des Masters unterstützte ich zahlreiche Gründungen. Ich lernte viel „Einhornscheiß" und protokollierte viele Erlebnisse, die in dieses Buch eingeflossen sind. Am faszinierendsten war sicherlich die Tatsache, dass ich zwei Jahre tagtäglich mit zehn anderen Gründungsteams parallel an einem Start-Up gearbeitet habe. Eine Art Silicon Valley auf

Schwedisch. Wer das Buch bis zum Ende durchgelesen hat, findet auch noch ein Foto aus diesen Tagen hierzu.

Eine besonders intensive und lange Gründung hatte ich zusammen mit einer schwedischen Kommilitonin und einer Erfinderin, welche eine neuartige Herstellmethode für smarte Textilien entwickelt hatte. Mein Beitrag war hier aus einer unausgearbeiteten Idee und einem nicht kommerziell genutzten Patent zunächst einen Business Plan zu schreiben, Investorengeld einzusammeln, Testkunden zu finden und letztlich die Firma auszugründen. Nach einem emotionalen Meltdown einiger an dem Gründungsprojekt beteiligten Personen wurde das Gründungsprojektes leider nach circa eineinhalb Jahren eingestellt. Das hielt mich allerdings nicht davon ab, mich während der Masterarbeit intensiv mit dem Thema zu beschäftigen, wie Start-Ups ihre innovativen Technologien auslizenzieren können und was rechtliche und betriebswirtschaftliche Fallstricke dabei sind.

Danach ging es erstmal zurück nach Deutschland zur Big Pharma, um zu schauen, wie die Welt außerhalb des Start-Up-Universums aussieht. Es klingt vielleicht seltsam, aber der Umweg tat mir sehr gut, insbesondere um in eine komplett andere Welt zu kommen. So konnte ich einige Instrumente aus dem Konzern-Werkzeugkoffer mitzunehmen, wie beispielsweise professionelles Projektmanagement, was in vielen Start-Ups leider nicht einmal rudimentär angewendet wird.

Einige Monate später klopfte allerdings wieder das Gründungsmonster in mir an und wollte zum bislang größten und längsten Gründungsunterfangen aufbrechen: Der Gründung eines Consulting- und Schulungsunternehmens, welches etwa drei Jahre an Blut, Schweiß, Freude und Frust bedeutete. Aus dieser Zeit stammen auch die meisten Anekdoten und Erfahrungen in diesem Buch, weil es bei weitem die intensivste und erlebnisreichste Erfahrung war. Während dieser Zeit habe ich vermutlich alle Fehler gemacht, die viele First-Time-Entrepreneure machen: Keine Ahnung von Vertrieb, keine Ahnung von Steuern und Gesellschaftsrecht, keine klare Strategie, kein richtiges Produkt, keine richtig ausgearbeitete, klar fokussierte Dienstleistung und jede Menge Zeitverschwendung.

Während der Gründung dieser Beratung war ich zusätzlich zu gut 20% meiner Zeit aktiv an der geplanten Ausgründung eines Biotech-Start-Ups beteiligt, was aber auch nicht zu einem Einhorn heranwuchs, sondern bald der Vergangenheit angehörte. Die Idee und Technologie dahinter war superspannend: eine neuartige In-Vitro Methode, um bei Tests von neuen Arzneimittelwirkstoffen zuverlässiger Aussagen über die potenziellen Wechselwirkungen im menschlichen Organismus vorherzusagen. Nach monatelanger Arbeit an der Beantragung von forschungsbezogenen Fördergeldern/Gründungszuschüssen wurde das Gründungsprojekt aufgrund diverser internen Unstimmigkeiten dann aber On Hold gesetzt. Die mitbeteiligte Muttergesellschaft im Ausland setzte jede Unterstützung zeitweise aus, die Fördergelder wurden nicht genehmigt und so blieb vorerst nichts anderes über, als ein weiterer Businessplan, der niemals den ersten Kunden überlebt hat.

Nach diesen beiden Gründungsprojekten war erstmal Schluss mit dem Thema und es ging zurück zu Big Pharma. Seitdem verfolge ich immer noch die Projekte und Firmen von Kommilitonen und Freunden und bin ab und an als Berater und Mentor tätig. Insgesamt war ich seit Beendigung meines Masters für zehn Start-Ups Mentor und war selbst auch beratend tätig.

Ich habe also viele Start-Ups entweder selbst aufgebaut oder war über Beratungs- und Mentoring-Aktivitäten sehr nah dabei, um aus den dortigen Fehlern und Fehlentscheidungen zu lernen. Auszugsweise ein paar meiner intensivsten Projekte:

Online-Plattform für Forscher-Nerds:

Erstellung des Businessplans, Erstellung der Prototypen-Webseite, Führen von Fachinterviews mit der Zielgruppe zur Verbesserung der Geschäftsidee. Projektdauer: Zwölf Monate.

Computerbasierte Therapieform:

Beratung eines Ausgründungsprojektes, Erstellen des Geschäftsplans, Begleitung der Ausgründung. Projektdauer: Drei Monate.

„Intelligenz-Tablette" / Wunderpille:

Beratung zur Wahl des geeigneten Geschäftsmodells, Führen von Fachinterviews mit der Zielgruppe, Marktanalyse. Projektdauer drei Monate.

Patentierte Herstellmethode für Smarte Textilien:

Suche des passenden Geschäftsmodells, Anfertigen des Businessplans, Suche nach Investoren und Kooperationspartnern, Beauftragung eines Herstellers zur technischen Weiterentwicklung des Gerätes, Führen von Experteninterviews mit der Zielgruppe. Projektdauer: Zwölf Monate.

Personalisierte Bandscheibenimplantaten:

Intensive Markt- und Wettbewerbsanalyse, Suche und Analyse von relevanten Patenten, die ein Risiko darstellen könnten (freedom to operate Analyse). Projektdauer: Drei Monate.

eHealth Diabetesmessgeräte:

Detaillierte Analyse von europäischen Datenschutzvorgaben zur Vorbereitung der Einführung von internetverbundenen Diabetesmessgeräten, Herausarbeiten lokaler Vorgaben für die Einführung von Tele-Medizingeräten. Projektdauer: Zwei Monate.

Künstliche Arterien:

Markt- und Wettbewerbsanalyse für den deutschen Markt. Projektdauer: Vier Wochen.

Masterarbeit „Liciensing Challenges for Start-Ups"

Analysen, Interviews und Forschungstätigkeiten um die Frage zu beantworten welche Herausforderungen Start-Ups bei der Lizenzierung ihrer Innovation haben. Projektdauer: Sechs Monate.

Biotech Start-Up für neuartige In-Vitro Versuche:

Erstellung des Geschäftsplanes, Beantragung von Fördergeldern, Unterstützung bei Investorenverhandlungen. Projektdauer: Fünf Monate.

Eigenes Consulting- und Schulungsunternehmen:

Etablierung eines Geschäftsmodells, Gründung, Kunden- und Projektakquise. Projektdauer: Drei Jahre.

Genug einleitende Worte, los geht's mit den sieben Top Einhornscheiß-Themen, die mir in all diesen Projekten immer wieder über den Weg gelaufen sind!

Kapitel 1: Von Blendern und Traumtänzern

„Fake it till you make it" – every Start-Up-Gründer ever.

"Fake it till you make it!" ist eine weit verbreitete Aussage, die man in der englischsprachigen Gründerszene regelmäßig zu hören bekommt und auch mit etwas Zeitverzug auch in der deutschen Start-Up-Szene angekommen ist. Übersetzt lautet das Motto in etwa: Tue so, als ob du gut in etwas wärst, bis du es wirklich wirst. Oder kurz: Durch Schein zum Sein.

Im folgenden Kapitel geht es darum, warum das „fake it till you make it" Syndrom nur zum Blender-Hobby taugt und nicht geeignet ist, ein erfolgreiches Start-Up aufzubauen:

Ich habe vermeintlich erfolgreiche Kooperationspartner kennengelernt, die nur deshalb im imposanten Bürokomplex untergebracht waren, weil sie gratis Untermieter in der Firma der Eltern waren und sich sonst die Miete aus dem eigenen Umsatz nicht leisten können, Beratungsgesellschaften, die auf international machen, aber in Wahrheit ein loser Verbund von einzelnen Freelancern waren (und kurz vor der Insolvenz standen); zahllose Start-Ups die nur aus einer Webseite und einer Idee bestanden (seit zwei Jahren keinen Umsatz hatten und nur von schmalen Fördergeldern lebten, um ihr Studentendasein weiterleben zu können), Start-Ups deren einzige Einnahmequelle nicht aus den eigenen Produkten und Dienstleistungen bestanden sondern aus freiberuflichen Seminaren für eine andere Firma.

Ich dachte bei vielen Begegnungen mit anderen Start-Ups und jungen Unternehmen, die müssen ja irgendwie am

Markt bestehen können; irgendwie sind die erfolgreich. Im persönlichen Gespräch mit diesen Unternehmen klang das meiste alles solide, positiv, gute Stimmung, viele Kundentermine, etc. Hätte ich allerdings nach deren aktuellen Umsatz gefragt, wären nur Ausreden und schwammige Formulierungen gekommen, weil finanziell nichts vorzuzeigen und viel davon einfach nur Blendertum war.

Die traurige Wahrheit ist nämlich, dass die meisten dieser Unternehmen kurz davor standen, als Aktennotiz in irgendeinem Registereintrag zu enden. Das hält viele Start-Ups aber nicht davon ab, weiterhin als positiv und erfolgreich aufzutreten, also munter „fake it till you make it" zu betreiben. Das führt dazu, dass es in der Welt der Start-Ups sehr viele Blender und Traumtänzer gibt, die ein falsches Bild der Realität abgeben und in einer selbstgeschaffenen Illusion leben.

Ich rede dabei nicht von kleineren Dingen wie professionelles Auftreten, ordentliche Kleidung (ja, auch das ist bei Start-Ups nicht immer gegeben), oder pseudo-prestigeträchtigen Xing-Titeln wie „Chief Executive Officer", oder Facebook-Posts aus dem 5er BMW (den man nur für einen Kundentermin gemietet hat). Ich rede von der Summe all dieser Teile, die zu der Selbstillusion im Start-Up führen. Zu der traumartigen Selbstlüge, dass man erfolgreicher ist, als man tatsächlich ist. Der Fehleinschätzung, dass man alles erreichen kann und jeden Kunden gewinnen kann, wenn man es sich nur fest genug vornimmt.

"Fake it till you make it" ist keine Strategie, sondern Verzweiflung.

Wie kommt es dazu? Ich bin der Meinung, dass das Blenden einerseits als Bewältigungsstrategie dient, andererseits als bewusste Taktik.

Blenden als Bewältigungsstrategie

Ich bin der festen Meinung, dass fast alle Gründer eine unterschwellige Bewältigungsstrategie haben, um mit ihren ganzen Misserfolgen und täglichen Rückschlägen klarzukommen: Morgens früh anfangen, zahlreiche Versuche starten, irgendwie an Kontakte/Kunden zu kommen, Absagen erhalten, Motivation aufrecht erhalten, weitere Kontakte knüpfen, darüber ärgern, dass man immer noch keinen großen Kunden hat, hoffnungsvolle Kundengespräche mit vielen Versprechungen, wieder enttäuscht werden, und wieder von vorne. Man steht so hinter seiner Sache und identifiziert sich mit seinem Unternehmen wie mit einem Katzenbaby, das man ins Herz geschlossen hat. Man wird engstirnig und konzentriert sich auf die rosige Zukunft, arbeitet auf einen traumartigen (Erfolgs-) Zielzustand hin („die Arbeit trägt in ein paar Monaten Früchte, nur noch ein wenig durchhalten, dann kommt der große Cash") um die Strapazen der Gegenwart besser ertragen zu können. Und es ist natürlich wichtig, die Motivation aufrecht zu erhalten, egal wie. Aber es passiert meiner Erfahrung nach sehr schnell, dass die Unternehmensentwicklung nicht mehr kritisch hinterfragt wird: Man bleibt in diesem visionären, erfolgsverträumten Mindset. Der Mindset, bei dem man denkt, dass zumindest eines der fünf aktuellen Kundenangebote doch klappen müsste, man monatelang hinterher telefoniert und sich an jeden Kunden-Strohhalm klammert und vieles andere um sich herum vergisst. Das Problematische ist dabei folgendes: Das aktuelle Vorgehen und den aktuellen Stand des Start-Ups zu hinterfragen, würde Selbstkritik und Selbstzweifel bedeuten und das ultimative Ziel - ein erfolgreiches Start-Up - in Frage stellen oder zumindest dabei hinderlich sein. Warum also Fehler und Zweifel eingestehen oder zulassen, wenn man so sicher und überzeugt von seiner Mission ist? Man schiebt Bedenken häufig einfach gedanklich weg und stürmt weiter nach vorne.

Ist doch klar, dass das dann dazu führt, dass man unterbewusst und ohne darüber nachzudenken sich selbst und seine bisherigen Erfolge im Start-Up positiver darstellt als in der Realität. Dass man Misserfolge im Kopf umdefiniert und eben Einhornscheiß macht.

„Wie vermeidet ihr, dass ihr Euch im
Start-Up selber bescheißt?"

Ihr müsst ehrlich zu Euch und Eurem Start-Up sein. Man muss selber erkennen, wenn man die eigene „fake it till you make it" Story glaubt, sich überschätzt und nicht mehr kritisch und genau hinschaut, was man eigentlich tut und was man wirklich erreicht hat. Trennt klar zwischen dem, was ihr als „externe Botschaft" gebt (im Sinne von, was die Webseite über euch sagt und wie ihr nach außen kommuniziert) und dem was Eure wahre Story hinter den Kulissen ist (also welche Erfolge ihr wirklich erreicht habt und was ihr konkret vorzeigen könnt).

Natürlich ist es am Anfang schwer, überhaupt etwas vorzeigen zu können, oder etwas als Referenz / erfolgreiches Projekt anpreisen zu können. Aber „fake it till you make it" muss eben irgendwann auch mal „real", also Substanz werden.

Blenden als Taktik

Ich glaube auch fest, dass das Start-Up-Dasein einen geradezu verleitet, zu blenden und sich besser und erfolgreicher darzustellen als man es in der Realität tatsächlich ist. Ziel ist es doch, ein Business aufzubauen, also Kunden zu gewinnen und das Unternehmen langfristig aufzubauen. Es muss also zwangsläufig an mindestens einem Punkt ein Verkauf stattfinden, beispielsweise in einem Akquise-Gespräch mit dem potenziellen Kunden. An diesem Punkt muss genug Vertrauen und Seriosität rüberkommen, dass man den Kunden gewinnt. Für ein etabliertes Unternehmen ist das tendenziell einfacher: Lange Listen von erfolgreichen Kundenprojekten, Referenzen, eine gute Reputation auf dem Markt. Dein Start-Up? Keine Historie, keine Referenzen, keine Reputation am Markt und: jede Akquise kostet erstmal Geld (Anreise, Übernachtung, etc.). Genau aus diesem Umstand heraus entsteht viel Blendertum: Man holt von seiner Uni eine fadenscheinige Referenz für etwas, das man mal im Rahmen eines Projektes gemacht hat, macht 2-3 Gratis-Projekte im Bekanntenkreis im Gegenzug für eine Referenz und Kundenaussage und schon steht man im Akquise-Gespräch da, als hätte man geradezu solide Erfahrung. Ein zu kleines Team auf der Webseite? Einfach ein paar befreundete Unternehmerseiten draufpacken („unsere Partner"), oder einen „akademischen Beirat" benennen, der das Business mentored und unterstützt. Schon sieht die Webseite viel voller aus, das Team ist riesengroß – super!

Gerade kürzlich habe ich ein „Management-Forum" auf Xing angepriesen gesehen. Mit „Branchenkennern" und „innovativen Führungsideen". Klingt schon mal gut. Wenn man genauer hinsah, waren es vier Vortragende, die allesamt fehl am Platz sind und sicherlich nicht auf eine Rednerbühne gehören: Geschäftsführer einer Ein-Mann-Klitsche, zwei freiberufliche Coaches und noch irgendeine unbedeutender Charakter; vermutlich Heilpraktiker mit NLP-Ausbildung, der das neue Führungsmodell für nachhaltige Führung 5.0 entdeckt haben will. Hinter dem Angebot stand wohl ein Zusammenschluss von jungen Unternehmern. Aber zieht das wirklich Kunden an? Vielleicht den einen oder anderen, aber damit kommt man sicherlich nicht in die „Major League" der Kongresse und Vorträge. Aber nach außen wurde erstmal medienwirksam groß aufgetreten, pompöse Webseite. Die Blender-Taktig wurde erstmal gut umgesetzt. Das Traurige dabei: Wahrscheinlich sind die Veranstalter/Organisatoren dieses Forums fest der Meinung, dass es eine klasse Veranstaltung wird.

Man denkt sich, „läuft doch bei uns, endlich unsere erste Veranstaltungsreihe am Start!"

„Einem selbst kommt das eigene Ergebnis immer wie ein Kunstwerk vor; in der Realität ist es oft minderwertiger Mist, der keinen Mehrwert für den Kunden bietet."

Und so wird die gleiche Jung-Unternehmertruppe zwei, drei, vier Mal in den kommenden Monaten auftreten, versuchen Kunden zu gewinnen aber wahrscheinlich scheitern. Weil keiner von dem Team ehrlich zu sich sagt: Das ist Einhornscheiß, unbedeutende Redner, abgelutschtes Thema. Wer wirklich was über Führung wissen will und eventuell von seiner Firma die Teilnahme bezahlt bekommt, wird sich nicht ein drittklassiges Forum aussuchen. Genau das ist die Lücke zwischen dem was man denkt was professionell und gut durchdacht ist und was es in Wahrheit ist. Man hat selbst wahrscheinlich viel Zeit investiert und will dann nicht einsehen, dass es grundlegend der falsche Weg war.

Ist das ganze bewusste oder unbewusste Blenden unethisch oder illegal? Nein, aber mir persönlich war dies Thematik anfangs nicht klar; nicht klar, dass viele Start-Up darin bewusst oder unbewusst gefangen sind. Und genau darauf fällt man herein, wenn man ein gemeinsames Projekt mit einem anderen jungen Unternehmen machen mag. Wenn man sich darauf verlässt, dass man mit jemanden erfolgreichen kooperiert, wenn in Wahrheit nicht viel dahintersteckt.

„Woher wisst ihr, was hinter einem Unternehmen wirklich steckt?"

Mein Lieblingsbeispiel ist übrigens ein Kundenprojekt eines Kooperationspartners gewesen, der mit einem „deutschlandweit agierenden Gesundheitsunternehmen" Erfolge erzielt hat. Der Gedanke war, mit einem Coach gemeinsam Beratungsprojekte zu akquirieren und gemeinsam ein Produkt aus Beratung und Coaching anzubieten. Was genau hinter seinem Vorzeigeprojekt stand? Ein kleiner Laden, der einige kleine Filialen in Deutschland hatte und medizinische Artikel wie Krücken, Stützstrümpfe und Massagekissen verkaufte. Das Coaching war in Wahrheit ein einziger Workshop mit drei Mitarbeitern, keine jahrelange Coachingsache, so wie es sich eigentlich anfangs anhörte. Es klang wie eine super Kooperationsmöglichkeit, mit so einem erfolgreichen

Coach und Mentor gemeinsame Beratungsprojekte zu verkaufen. Man lässt sich nun Mal leicht blenden und fragt oft nicht nach.

Man sollte immer hinterfragen, was hinter der Start-Up-Fassade ist: Was konkrete Projekte waren oder was konkret die Projektsummen waren.

Das komplette Gegenteil zum Stümperdasein habe ich bei einem anderen potenziellen Kooperationspartner im Jahr 2013 kennengelernt. Diesmal ein wirklich erfolgreicher Motivationsredner und „Führungs-Idol", den ich über drei Ecken empfohlen bekommen habe. Der gute Mann hat ein etabliertes Konzept am Markt, ist oft gebuchter Redner und verdient wahrscheinlich richtig gut. Umso schöner, dass ich kurzzeitig in Kontakt mit ihm gekommen bin, um eine gemeinsame Kooperationsmöglichkeit zu besprechen. Statt wie jeder andere Hobby-Gründer es getan hätte, fragte er nach dem aktuellen Tagessatz den wir am Markt anbieten. Etwas „fake it till you make it" später nannte ich eine etwas höhere Summe (man will ja nicht als Low Budget Consultant erscheinen), ich glaube es waren 600€. Sein Vorschlag war, an seinem Seminar teilzunehmen, um die Methode etc. besser kennenzulernen und im Gegenzug würde er uns dann weitervermitteln und eine von uns entwickelte Seminarreihe buchen. Von Zahlen hatten wir bisher noch nichts gehört, ich ging davon aus, dass es eine Art Kuhhandel würde: wir nehmen an seinem Seminar teil, lernen uns kennen und sehen dann weiter. Die E-Mail die ich einen Tag später erhielt, war anders als erwartet aber faszinierend:

„Da Sie ja am Anfang Ihrer Karriere stehen, möchte ich diese gerne fördern. Ich biete Ihnen unser Seminar für 1.200 Euro pro Person an. So würden Sie und Ihr Geschäftspartner meine Methode/Seminarmethodik kennenlernen, und auch noch günstiger als normalerweise. Dies wäre die Vorab-Investition für Sie.

Wenn dann unser persönlicher Kontakt ebenso sympathisch läuft wie unser Telefonat, dann würde ich zwei Seminartermine à zwei Tage bei Ihnen buchen. Als Budget für jeden Termin würden Sie 1.200 Euro von mir erhalten."

Bitte was? Vorab-Investition? Der Vorschlag wurde zwar nie umgesetzt (kein Cash da, weil Blendertum und gescheitertes Business an der Back), aber der Gedanke hinter dieser Vorab-Investition hat mich seit dem immer wieder beschäftigt. De facto hat diese Investition wie ein Filter gewirkt, der, sind wir ehrlich, wohl auch andere, weniger erfolgreiche Unternehmen, rausgekickt hätte. Okay, jetzt kann man das vielleicht nicht 1:1 kopieren wenn man gerade erst am Anfang des Start-Ups ist, aber den Gedanken des „nicht-erfolgreiche Start-Ups rausfiltern" will ich hier gerne hervorheben.

„Auf welche Art und Weise könnt ihr in Eurem Start-Up Blender-Firmen rausfiltern, um nur mit soliden Unternehmen zusammenzuarbeiten?"

Dies ist insbesondere dann wichtig, wenn man mit Firmen langfristig zusammenarbeiten möchte. Blickt hinter die Kulissen, fragt nach der ungefähren Projektsumme die das Unternehmen letztens hatte; dann kommt oft nur noch kleinlaut eine Ausrede („vertrauliche Information, in der Größenordnung mehrerer tausend Euro..."). Haltet Abstand von diesen Unternehmen.

Fazit:

Ich glaube, dass der Unterschied zwischen erfolgreichen und nicht erfolgreichen Start-Ups unter anderem darin besteht: Nicht erfolgreiche Start-Ups bleiben in ihrer Blender-Blase stecken und schaffen nicht den Sprung hin zur „Substanz". Also dahin, dass auch tatsächliche Erfolge hinter dem „fake it till you make it" stehen. Nicht erfolgreiche Start-Ups glauben, dass „fake it till you make it" ausreichend ist, um erfolgreich zu sein. In Wahrheit ist es aber bestenfalls eine Art Starthilfe.

Um selbst nicht in die Blenderfalle zu tappen, sollte man sich in regelmäßigen Abständen fragen, was hinter seinen angeblich so erfolgreichen Projekten und Erfolgen tatsächlich steckt. Damit vermeidet man den Selbstbetrug, der entsteht, wenn man sich selbst die Erfolge nur einredet.

Lessons learned: Vom Hobby zum erfolgreichen Start-Up

Hobby	Erfolgreiches Start-Up
Sich geil und erfolgreich fühlen und auf dem „fake it till you make it" ausruhen	Regelmäßig hinterfragen was für Substanz man hinter „fake it till you make it" hat, bzw. wie man Substanz aufbauen kann
Mit befreundeten aber ebenso wenig erfolgreichen Unternehmern zusammenarbeiten	Mit nachweislich erfolgreichen Unternehmen zusammenarbeiten und von diesen lernen

Vom äußeren Schein anderer Start-Ups blenden lassen	Kritisch hinterfragen, was alles davon Realität ist und was nur selektive und nicht repräsentative Ausschnitte sind

Das Einhornscheiß Start-Up Blender-Radar hilft Euch (mit einem lachenden und einem weinenden Auge) einigen Blödsinn aufzudecken:

Gesagt...	Gemeint ist...
„wir arbeiten für einen internationalen Kunden"	Wahrscheinlich eine kleine Filiale in Österreich
„Wir sind im Auswahlprozess bei mehreren Konzernen"	„Wir hatten zumindest mal einen Erstkontakt mit jemandem"
„Derzeit haben wir bereits 10 Mitarbeiter"	Davon sind 7 Praktikanten, 2 Gründer und 1 Hobby-Grafikdesigner
„Unsere Referenzen"	Was Freunde und Bekannte sagen
„Unser Büro"	Ein Zimmer in der eigenen Wohnung
„Wir arbeiten mit Partnerunternehmen zusammen	„Wir haben selber begrenzte Expertise, daher geben die Verantwortung gerne ab"

Kapitel 2: Was bei Start-Ups wirklich zählt

Ein Start-Up ist kein Hobby, kein Life Style, kein cooles, hippes, trendiges Ding, sondern ein harter Job. Wer keinen Umsatz macht, macht einen schlechten Job und hat nichts im Start-Up zu suchen.

Im Grunde genommen klingt es recht einfach, oder? Gründungsidee, Geschäftsmodell finden und validieren, Bootstrapping bis das Minimalprodukt (MVP – minimal viable product) verfügbar ist, Zauberkiste Marketing und Vertrieb öffnen, Umsatz, Wachstum.

Ein Start-Up hat, wie jedes bereits fest etablierte Unternehmen, einen Zweck: Mehrwert für den Kunden zu bieten, der für die angebotene Leistung oder Dienstleistung bereit ist zu zahlen und zwar auf eine für das Unternehmen tragbare Weise (also finanziell lohnenswert).

Der Punkt „finanziell lohnenswert" ist aber nicht immer im Vordergrund bei der Gen-Y Start-Up-Generation (Gen-Y = die ab 1980 geborenen, technikaffinen, auf der Suche nach Selbstverwirklichung). Das führt meiner Meinung nach zu dem größten Problem, das fast alle Start-Ups in denen ich aktiv oder nur beratend tätig war, hatten: das Start-Up wird nicht auf Umsatz getrimmt. Es geht niemand morgens rein und ärgert sich über den Null-Euro Umsatz. Das Start-Up wird stattdessen eher als selbsterfüllendes Hobby angesehen.

Meine Meinung wird auch in einigen Studien zur besagten Generation Y unterstützt: Glaubt man beispielsweise der Kienbaum Studie von 2017, so stehen für Gen-Y kollegiale Arbeitsatmosphäre (62,8%) und Work-Life Balance (58,5%)

an erster und zweiter Stelle, wohingegen Karrieremöglichkeiten und gute Bezahlung auf Rang drei beziehungsweise fünf liegen[2]. Und auch bei allgemeinen Studien zu den Lebenszielen der Gen-Y findet man unterstützende Zahlen und Daten:

So ist laut Zukunftsinstitut für die Gen-Y besonders wichtig: Unabhängigkeit, sein Leben selbst bestimmen zu können (Stelle 1, mit 89%), Spaß haben, das Leben zu genießen (Stelle 2, mit 87%), sowie einen sinnvollen, erfüllenden Job zu haben (Stelle 3, mit 87%). Erst auf Rang zwölf landet „sich viel leisten zu können" (58% Zustimmung)[3].

„Ein Unternehmen soll Umsatz machen, aber Start-Ups geht es um Selbstverwirklichung. Was tut ihr dagegen?

Ähnlich trifft dies meiner Meinung nach auch auf Start-Ups zu: Geldverdienen steht nicht an erster Stelle. Wenn es daher mal (wieder, oder immer noch) nicht so gut läuft mit dem Umsatz, wird eine motivierende Erklärung gesucht, das Potenzial wie ein Mantra vorgesungen und die Akquise-Pipeline gezeigt (Akquise Pipeline = Übersicht über die Angebote die Kunden erhalten haben, meist mit einer wie in der

---

[2] Kienbaum Institut @ ISM für Leadership & Transformation in Dortmund, „ARBEITEST DU NOCH ODER LEBST DU SCHON?", 2017
[3] Signum International/zukunftsinstitut, „Generation Y. Das Selbstverständnis der Manager von morgen", 2013

BWL üblichen, willkürlichen Kennzahl, wie Auftragswahrscheinlichkeit und Auftragsvolumen). „Hey, Moment! Wenn man heute keinen Umsatz hat, aber 65.000 Euro an Auftragsvolumen in der Pipeline hat, dann sollte man sich nicht beschweren!"

DOCH! Ich habe genau in dieser Illusion drei Jahre gelebt und viele mir bekannte Start-Ups haben sich festgebissen an den guten Aussichten, dass der lang erzielte Kunde JA sagt und man hat sich irgendwie über Wasser gehalten. Wer noch kein einziges richtiges Verkaufsgespräch mit einem potenziellen Kunden hatte, dem sei gesagt: Versprechungen von potenziellen Kunden sind nichts, absolut nichts wert. Ich bin aus Akquisegesprächen rausgegangen, bei denen noch während des Gesprächs zugesichert wurde, dass wir einen 3 Tagesworkshop machen, und nur formell ein Angebot zusenden sollen. Ich habe mit größeren Unternehmen Gespräche habt, die uns als Start-Up mit Software oder Schulungen ausstatten wollten, weil sie unsere Ideen gut fanden. Solange nichts unterschrieben ist und Geld aufs Konto geflossen ist, ist der Kunde kein Kunde sondern ein Hobby.

„So lange ein Kunde nicht zahlt, ist er kein Kunde. Verbale Kundenversprechen bedeuten nichts, NICHTS."

Vor circa zwei Jahren habe ich einen Blogbeitrag gelesen, bei dem wild diskutiert wurde, welche KPI (Kennzahlen) denn die besten für die Steuerung eines Start-Ups sind. Die Antworten waren so breit gestreut wie man sich nur denken kann. Aber gemeinsam hatten alle Antworten, dass es nie nur eine KPI geben darf, weil man ja verschiedene Wechselwirkungen und ein Gesamtbild betrachten muss. Mit dem heutigen Wissensstand würde ich das anders sehen und argumentieren: Das einzige was als KPI bzw. tägliche Erinnerung zu betrachten ist, ist eine Exceltabelle die im Zimmer aushängt ist mit der Überschrift

„HEUTIGER UMSATZ".

„Das macht ja keinen Sinn, wir haben ja erst in sechs Monaten Umsatz, dann hängt da ja sechs Monate lang eine leere, traurige, demotivierende Tabelle rum, ohne fancy Farbcodierung, ohne KPI, ohne Besucherzahlen, ohne Conversion Rate?!" Ja genau. Die Zahl von Null auf X hochzubekommen ist der wahre Grund, warum man täglich zehn Stunden arbeitet. Nicht den schönsten Code zu schreiben, die tollsten Powerpoints zu schaffen. Sondern erfolgreich die Leistung/das Produkt beim Kunden verkauft zu haben. Wer sich schlecht fühlt, dass da einen leere Exceltabelle hängt, arbeitet nicht hart genug an neuen Kunden und fühlt hoffentlich einen sense of urgency (Handlungsdruck, etwas zu verändern).

„Täglich auf eine Exceltabelle zu schauen, die "0" Euro aufzeigt, ist traurig, aber vermittelt eine gewisse Dringlichkeit, endlich Geld zu verdienen."

Das vermeidet, dass man sich wochenlang in unbedeutenden Aktivitäten versteckt die null Kundennutzen haben. Und es bringt einen auf den Boden der Tatsachen zurück, wenn man auf dem Weg in den „fake it till you make it" Himmel ist.

Leider kann ich aus eigener Erfahrung sagen, dass es in allen Start-Ups in denen ich aktiv war, insbesondere aber während der Unternehmensberatungszeit, wochenlang eine Art Selbstbeschäftigungsphase gab, vor der ich hier warnen mag:

Ein kleines Beispiel was gemeint ist: meine Firma war noch nicht eingetragen im Registergericht, man konnte - auch wenn man wollte - keine Rechnungen erstellen, weil nicht alle Pflichtangaben wie die Registergerichtnummer enthalten war, und es dauerte unfassbare drei Monate bis alles sauber über die Bühne ging. Wie würdet ihr die Zeit am besten nutzen?

Wie man sie jedenfalls nicht nutzen sollte: Die Zeit damit verbringen, die beste Software zur automatischen Erstellung von Rechnungen zu suchen, eine passende cloud-basierte CRM-Lösung zu suchen und zu konfigurieren und eine Praktikantenhorde einstellen.

Es ist ein gefährlicher Denkprozess: wenn wir vor dem geplanten Kundenansturm nicht alles schon solide vorbereitet haben, gehen wir unter. Wenn die Kunden erstmal durch die Tür stürmen, können wir nicht die Rechnungen von Hand schreiben, da müssen wir vorher die perfekte Lösung haben, also lieber jetzt vorbereiten. Naja; natürlich sollte man nicht unvorbereitet die Tore öffnen, aber wenn man nicht gerade täglich 300 automatisch generierte Rechnungen braucht, sondern zur Not anfangs manuell, warum dann Stunden und Tage lang damit auseinandersetzen? Skalieren kann man ohnehin erst, wenn das Business richtig läuft, und im ersten Jahr ist es völlig egal - gerade bei einem Geschäftsmodell bei dem man relativ wenig, aber tendenziell größere Rechnungen stellt (Softwareprojekte, Beratungsprojekte, Webseiten, App-Entwicklung).

Genau den gleichen Fehler habe ich bei der Suche nach der perfekten CRM Lösung gemacht: Ich habe Wochen (!) damit verbraucht, Podio zu konfigurieren. Podio ist eine nette, individualisierbare Lösung. Ich habe einzelne Freitextfelder zusammengestellt, um den Kunden bestmöglich erfassen und kategorisieren zu können, Gesprächsnotizen einfügen zu können, erwarteter Auftragswert und Auftragswahrscheinlichkeit eingefügt und noch viel weiteres. Wir reden hierbei über Wochen, nicht Stunden.

„Macht Euch eine Woche lang mal den Spaß und schreibt auf, wofür ihr wie viel Zeit verwendet. Wenn ihr ehrlich dokumentiert, werdet ihr später schockiert sein, wie wenig Zeit für wirklich wichtige und sinnvolle Dinge verwendet wird!"

Fakt ist, man kann Monate damit verbringen, ein perfekt vorbereitetes und organisiertes Back-Office aufzusetzen, nur ändert dies nichts an der immer noch leeren Exceltabelle, die im Zimmer hängt und „HEUTIGER UMSATZ" heißt.

Was übrigens auch eine äußerst effiziente Methode ist, um ohne Umsatzgenerierung Zeit zu verplempern, ist das Einstellen und Betreuen einer ganzen Horde an Uni-Praktikanten. Zu irgendeinem Zeitpunkt kommt jedem Start-Up in den Sinn, einfache Tätigkeiten an Praktikanten zu vergeben. Die sollten einfache Recherche hinbekommen, etwas Content für die Webseite schreiben, vielleicht sogar bei guter Führung bei einem Kundenprojekt Protokoll führen. Das dachte ich mir damals ebenfalls und ohne, dass ich mich genau erinnern kann, wie es dazu kam, hatte die Unternehmensberatung an einem Tag vier Praktikanten gleichzeitig. Was mir damals völlig unklar war, war dass:

a) Praktikanten keine vollwertigen Mitarbeiter sind und dementsprechend nicht so viel leisten

b) Betreuungsaufwand bedeuten

c) unzuverlässiger und weniger hilfreich sind als man annimmt. Wenn man schätzt, dass jeder Praktikant mindestens zwei Stunden pro Woche Betreuungsaufwand (Briefing, Catching-Up, Ziele setzen, Ergebnisse kontrollieren, verbessern etc.) benötigt, dann bedeutet das bei vier Praktikanten insgesamt acht Stunden pro Woche – beinahe einen ganzen Tag.

„Praktikanten-Horde, perfektes Back-Office, übertrieben komplizierte Projektmanagementtools konfigurieren sind hervorragende Zeitfresser! Wofür geht bei Euch die meiste Zeit drauf?"

Das wichtigste ist doch: funktioniert mein Produkt/meine Dienstleistung oder nicht? Oder simpel gefragt: Schaffe ich damit finanziell über die Runden zu kommen, weil ich es erfolgreich verkaufe?

Das Geld, beziehungsweise der Umsatz, steht meiner eigenen Erfahrung nach fast nie an erster Stelle bei Start-Up Gründern, sondern die Idee, die Selbstverwirklichung, der Spaß an der Sache. Und genau da liegt das Problem: Das Start-Up wird zur Selbstbeschäftigungstherapie und dem verlängerten Selbstbild, nicht zur Cash Cow. Einer der besten Ratschläge die ich während der Start-Up Zeit in Schweden erhalte habe als ich zusammen mit meiner Teamkollegin ein Geschäftsmodell für smarte Textilien gesucht habe, war folgender: „Seid die Hälfte der Zeit beim Kunden oder vergesst die Sache" (im Schwedischen war es dramatischer, sinngemäß „geht raus (aus dem Büro) oder geht nach Haus") Fakt ist, die wenigsten Leute im Start-Up sind vertriebsgeil. Sie mögen die Vorstellung eines wachsenden Start-Up-Babies, die Technik die sie aufbauen, die Produkte die sie immer weiter verbessern. Das Start-Up selbst wird zum Hobby, man beschäftigt sich mit den Dingen, die man mag, die einen erfüllen. Und sorry, Vertrieb ist für die wenigsten Gründer ihr liebstes Hobby, eher im Gegenteil: Das ist ganz weit außerhalb der Komfortzone und meist das Letzte was man machen mag.

„Geht tagtäglich zu potenziellen Kunden, bekommt Feedback zur Leistung/zum Produkt, testet es und bekommt Empfehlungen, vielleicht ist ein Glücktreffer dabei (großer Kunde)."

Spätestens jetzt sollte klar sein: Wenn der wichtigste Zweck der Umsatz ist, führt kein Weg daran vorbei, das Mysterium Vertrieb anzupacken, zu verstehen und anzuwenden und zwar so oft wie möglich. Und das Thema persönlich zu verstehen, und nicht jemandem anderen abzugeben.

Daher ein paar fortführende Worte zum Thema Vertrieb:

Findet Euren persönlichen „akzeptablen Vertriebsmodus"

Es gibt ganze Bibliotheken zu dem Thema Vertrieb, die alle DEN marktdurchbrechenden Vertriebsstil oder DIE Vertriebsstrategie schlechthin versprechen. Man lernt über Hunter und Farmer, klassischen und strukturierten Vertrieb, kybernetischen Vertrieb, hard und soft selling und vieles mehr. Meiner Erfahrung nach ist aber nicht die Art des Vertriebs entscheidend, sondern dass man überhaupt Vertrieb im Start-Up macht und zwar als oberste Priorität und so früh wie möglich.

Statt sich also in Vertriebsbibliotheken die beste Strategie herauszusuchen, sollte sich jeder, ja jeder im Team, einige einfache Fragen stellen:

„Wen kann ich im Bekanntenkreis anzapfen, der mich irgendwie an einen potenziellen Kunden heranbringen kann"?

„Mit wem habe ich mal zusammengearbeitet, der mich weiterempfehlen kann"

„Wen habe ich in meiner Kontaktliste auf Xing? Arbeitet die Person vielleicht zufällig bei einem interessanten Unternehmen?"

„Wenn nicht jeder im Start-Up Team aktiv im Vertrieb ist, packt gleich ein."

Selbst jemand, der von der Persönlichkeitsstruktur niemals eine Karriere als Verkäufer anstreben würde, kann etwas Positives für das Thema Vertrieb machen. Glaubt ihr nicht? Also gut, hier einige Beispiele:

Ich persönlich hasse Vertrieb. Ich hasse es, Leuten Dinge verkaufen zu müssen. Ich will Projekte, Umsatz, etwas aufbauen. Das passt nicht ganz zusammen, denn ohne Vertrieb kein Umsatz, kein Unternehmen. Allerdings habe ich eine Art „akzeptable" Art und Weise gefunden wie ich Vertrieb machen kann: Studien durchführen. In mehreren Aktivitäten habe ich die Methode der Studien genutzt, um aktiv Akquise zu machen: Zu einem Zeitpunkt waren Unternehmensberatungen ein passendes Kundensegment. Unternehmensberatungen selbst sind vertraut mit Studien, mögen Zahlen und Berater-Folien und dann auch noch gratis zu einem Thema das alle betrifft: Fachkräftemangel bzw. die Gewinnung von High Potentials. Obwohl ich niemals Lust hätte, 60 Beratungen in Deutschland durchzutelefonieren, macht es mir nichts aus, über 60 Beratungen an Zahlen und Daten zu kommen, die man als Content für andere Beratungen anbieten kann. Durch Interviews mit den Personalchefs dieser Beratungen kam ich an Insider-Informationen, knüpfte Kontakt zu Entscheidern in der Personalabteilung und konnte kleinere Projekte damit akquirieren.

Schreibt meinetwegen Blogartikel für Eure Webseite, haltet Vorträge an Universitäten, geht auf lokale Veranstaltungen, netzwerkt in Eurem Sportclub, postet etwas auf Facebook, egal was, lieber jeder im Start-Up packt an einer kleinen Stelle an, als gar nichts dafür zu tun. Und selbst wenn das alles nichts für einen ist, arbeitet zumindest dem „Hauptvertriebler" zu: Kunden identifizieren, recherchieren, nach bestehenden Verbindungen (z.B. mittels Xing) zu den Entscheidern suchen. Selbst wer nichts im Vertrieb machen mag, muss zumindest zuarbeiten.

„Die Frage ist nicht OB Vertrieb von jedem gemacht wird, sondern WIE ihn jeder individuell gestaltet."

Daher bin ich der festen Meinung, wenn ich es schaffe, einen akzeptablen Vertriebsmodus zu finden, schafft es jeder andere im Start-Up auch. Man muss diesen akzeptablen Vertriebsmodus nur eben selbst für sich finden, ausprobieren und diszipliniert anwenden.

Ein ehemaliger Mitarbeiter von mir, der ein Paradebeispiel von einem intelligenten, vielseitig interessierten Mensch ist, hatte in seinem Bekanntenkreis einen Unternehmer, der unser erster größerer Kunde wurde. Cold-Calls oder hardcore Networken waren nicht in der Komfortzone, aber es war auch nicht notwendig. Es war lediglich notwendig, bestehende Kontakte anzuzapfen; da ist die Hürde wirklich nicht so hoch, als dass man sich da noch herausreden könnte. Ja, okay das lässt sich natürlich nicht skalieren, niemand hat einen Lebensvorrat an Unternehmerfamilien im Bekanntenkreis die offen für genau das Produkt/die Leistung sind. Aber: es hat uns die nötige Praxiserfahrung gegeben, die wir bisher nur auf dem Papier hatten.

„Wenn im Start-Up schon lauter blinde (Vertriebs-)Hühner sind, dann sollten möglichst alle Hühner nach ein paar goldenen Körnern suchen."

Ich möchte an dieser Stelle auch ausdrücklich vor vermeintlichen Vollblut-Vertrieblern warnen. Ihr wisst schon, die Kategorie Mensch die stundenlang reden kann, immer tolle Stories parat hat und sich über Name-Dropping gut und effektiv in den Vordergrund aller Meetings stellen kann. Vertrieb hat wenig mit viel Reden zu tun. Eine sehr offene Persönlichkeit hilft natürlich, aber es ist nicht das einzige Kriterium.

Wenn ihr doch mit einem solchen Vollblutvertriebler zusammenarbeiten wollt, fragt nächstes Mal einfach nach, wieviel Euro das Auftragsvolumen im letzten Projekt betragen hat. Ich wette, es kommen Ausflüchte „das ist vertraulich, aber ein höhere 4 stelliger Betrag". Ja okay, was auch immer höherer 4 stelliger Betrag ist. 3.000€ ist eine popelige Summe von der kein Unternehmen leben kann, auch wenn das Deine beste Vertriebsleistung ist. Persönlich glaube ich, dass selbsternannte Vertriebsprofis Experten im fake-it-till-you-make-it sind und selbst die größten Blender sind. Keiner kann Euch die Arbeit abnehmen. Wenn ihr Euren Hintern nicht hochbekommt im Start-Up und Vertrieb als Nummer-eins-Ziel macht, packt ein, oder nutzt das Start-Up weiter als Hobby.

Jeder im Start-Up muss seinen eigenen „akzeptablen Vertriebsmodus" finden und regelmäßig anwenden. Es darf keinen im Start-Up geben, der hier eine Ausrede findet. Zur Verdeutlichung: Laut Deutsche Start-Up Monitor[4] sind die Top vier Herausforderungen in Start-Ups:

1. Vertrieb/Kundengewinnung (19,7%)
2. Produktentwicklung (17,1%)
3. Wachstum (14,7%)
4. Kapitalbeschaffung (12,3%)

Dass der Vertrieb in den meisten Start-Ups nicht läuft, ist also keinesfalls nur meine Ansicht.

---

[4] KPMG, „Deutsche Start-Up Monitor 2017", 2017

Lessons learned: Vom Hobby zum erfolgreichen Start-Up

Hobby	Erfolgreiches Start-Up
Umfassende aber willkürliche KPI-Messung	Heutiger Umsatz wird gemessen
An Kundenversprechen glauben	Kundenversprechen bedeuten erst etwas, wenn Geld fließt
Alle Gründer machen ihre Lieblingsaktivität	Alle Gründer machen Vertrieb mit einem für sie „akzeptablen Vertriebsmodus"
Sich im warmen, kuscheligen Büro verschanzen	Beim Kunden sein, lernen, Feedback bekommen
Vor sich hinwurschteln	Mal eine Bestandsaufnahme machen und messen, womit ihr Zeit verschwendet
Hauptsache die Arbeit macht Spaß	Um der „fake it till you make it" Falle zu entkommen: Immer wieder fragen, was für „Substanz" zu zeigen ist; also was für konkrete Erfolge (finanzieller Art!) vorzeigbar sind

Kapitel 3: Bootstrapping kann töten

#Ilovewastingmytime

Bootstrapping meint das Selbstfinanzieren des Start-Ups, also ohne Investoren oder sonstige externe Geldgeber. Das bedeutet natürlich, dass man finanziell sehr knapp wirtschaften muss und nicht einfach mal die teuersten Büros und Designmöbel kaufen kann. Es ist aber auch eine geistige Einstellung wie ich finde, denn viele Start-Ups die ich kenne, wollen bewusst nicht unnötig Geld ausgeben und daher natürlich viel selber machen. An vielen Stellen wird es aber unbewusst zum Zwang und zum großen Nachteil für das eigenen Start-Up. Bootstrapping führt meiner Meinung nach zu einem kaputtgesparten Hobby-Start-Up.

Hierzu nachfolgend einige schmerzhafte, persönliche Beispiele:

Mein Lieblingsthema ist die eigene Firmen-Webseite, die ich damals aufsetzen wollte. Die muss natürlich selbstgemacht werden, denn warum sollte ich als Gründer zwischen 2.000€ und 5.000€ für eine Webseite ausgeben? Ich bin eitel genug das selber zu machen, das bisschen Wordpress kriege ich selber hin. Aber ein wenig trendy und cool sollte sie ja sein, also gibt es statt der (wunderbar funktionierenden und völlig ausreichenden) Standardtemplates ein in Indien gebasteltes Template das tolle Features und maximale Individualisierbarkeit verspricht, super Support, Fünf-Sterne-Bewertung. Kostet auch nur 49€, ein Schnäppchen. Doch bereits bei der Installation kommt erste Frustration auf, der Mist funktioniert nicht, die befreundeten Kollegen aus einem IT-Unternehmen müssen ran. Puh, Installation geschafft, jetzt können wir endlich die Widgets und Plug-Ins dieser Welt einbetten. Allerdings doch nicht ganz so einfach und individualisierbar wie angepriesen. Mal schnell im Quellcode rumgepfuscht (denn Gründer sind ja schlau und können viel selber machen und das bisschen HTML geht locker von der Hand) und...nochmal zu den IT-Kollegen weil die Seite jetzt wohl neu aufgesetzt werden muss, Ups. Okay, wir streiten uns mit dem Kundensupport vom Portal auf dem wir die Seite gekauft haben, schreiben hin und her, Geld zurück, aber keine Webseite da. Neuer Versuch, der aktuelle Praktikant ist nicht ganz ausgelastet, hat selber eine nette Webseite, soll er es doch machen. Wird auch gemacht, die Seite steht, zwar ohne Wordpress oder sonstigen Tools über die wir einfach Content hochschieben können, aber Hauptsache nach der Schlappe etwas am Start haben. In der Zwischenzeit hat sich auch über das berufliche Netzwerk die Gelegenheit ergeben, einer Werbeagentur auf die Sprünge zu helfen. Was wie ein mögliches Beratungsprojekt aussah, war in Wirklichkeit ein umsatzloser Kuhhandel: Wir unterstützen die Agentur und erhalten im Gegenzug eine professionelle Webseite. Klingt super, dann ist das leidige Thema endlich weg und wir sind ja noch am Anfang unseres Start-Ups, da darf man noch nicht so cash-geil sein, oder? Naja, 8 Wochen später hatte sich das alles irgendwie im Sand verlaufen, keiner hatte mehr so richtig Zeit und Interesse und es gab immer noch keine aktualisierte Webseite.

„Leute in Start-Ups sind gut darin, alles selber machen zu wollen, kein Geld auszugeben und sind damit erstklassige Zeitvernichtungs-Entrepreneure."

Und wo wir bereits bei dem Thema Kuhhandel sind: Ich bin überhaupt nicht überzeugt von dem Konzept. Gerade in der Anfangszeit vieler meiner Gründungsprojekte gab es unzählige solcher Kuhhandelbeispiele, die alle zu Nichts geführt haben (okay, man hat Beziehungen gepflegt, das Netzwerk etwas ausgebaut, aber finanziell kam nichts dabei herum): Gratisgespräch mit angehenden Gründern im Gegenzug die eine oder andere Empfehlung (die natürlich nie kam), ein Gratisprojekt im Gegenzug zu einer Referenz für die Webseite, ein Workshop mit befreundeten Unternehmern im Gegenzug für 1 Jahr gratis Webspace (ja, denn die Webseite kann ja zumindest gratis gehostet werden, warum 12 Euro im Jahr für 1+1 zahlen, wenn es auch gratis geht... Ihr seht das zugrundeliegende Sparsyndrom). Die traurige Tatsache ist die, dass all diese Aktionen nicht nur wahnsinnig viel Zeit gefressen haben, nichts finanziell Lohnenswertes für das Unternehmen gebracht haben und Zeit für richtigen Vertrieb geblockt haben.

„Busy zu sein, heißt nicht automatisch, erfolgreich zu sein."

Im Endeffekt war es super Zeitvernichtung und Beschäftigungstherapie. Aber es hat zumindest den Effekt gehabt, sich busy zu fühlen und die Zeit nicht abzusitzen. Man hat ja aktiv an seinem unternehmerischen Schicksal gearbeitet, dass dabei nichts rumkam, war...Pech? Oder eher Nicht-Wissen, kein Fokus, keine Strategie, kein roter Faden, Einhorn-Scheiß? Das sieht man heute natürlich anders als damals. Man ist eben sehr schnell in dem „fake it till you make it" Denkmuster drin und blendet munter vor sich hin.

Start-Ups haben keinen blassen Schimmer von rechtlichen Themen

Was mir in all der Zeit sehr stark aufgefallen ist: Kaum ein Start-Up ist rechtlich versiert, beziehungsweise geradezu fahrlässig unterwegs. Was ich damit meine?

Bei meiner geplanten Forscherplattform (analog zu Research Gate) hatte ich das sehr schön falsch gemacht: Ich bezahlte irgendeinen Informatikstudenten (den ich nicht mal persönlich getroffen hatte weil Semesterferien waren) mir eine rudimentäre Webseite mit den wichtigsten Funktionen der Plattform zu bauen. Gab es einen Vertrag mit Regelungen was nach Beendigung mit dem Quellecode passiert? Ob er bei Fehlern korrigiert? Ob er dafür garantiert, eine rechtlich einwandfreie Webseite samt Impressum und Datenschutzbestimmungen abzuliefern? Ob sämtliche Rechte der Seite bei mir liegen? Nein, es war dämlich, denn genau genommen ging es nicht nur um das bloße Erstellen der Webseite sondern um alle damit zusammenhängenden rechtlichen Risiken und die Rechte an allen Inhalten zu sichern.

Das Konzept von Intellectual Property begreifen

Einer meiner Lieblings-Juraprofessoren für Intellectual Property Rights hatte in dem Zusammenhang immer von „build and control" gesprochen, was es sehr gut trifft: Wenn man etwas erschafft, was einen Wert für das Unternehmen hat (z.B. ein Design, eine Marke, ein Patent, eine große Studie, Content für die Webseite) sollte man auch die Rechte daran haben. Genauso wie ein Arbeitgeber darauf achtet, dass alles was der Mitarbeiter in seiner Arbeitszeit „erschafft" automatisch zum Eigentum der Firma wird, muss man als Start-Up das Gleiche tun.

Bei allem was irgendjemand in dem Start-Up oder außerhalb des Start-Ups an Intellectual Property (IP) erstellt, muss es sauber geregelt werden, damit es dem Start-Up „gehört".

Das ist zwar vorrangig relevant, wenn bei einem späteren Unternehmensverkauf geistiges Eigentum verkauft wird und Jahre später jemand Vergütung haben möchte; aber auch bei einer Auflösung der Firma sollte geklärt werden, wie das erstellte Material jeweils weitergenutzt werden darf.

„Wer erschafft im oder außerhalb des Start-Ups IP das abgedeckt werden müssen?"

Auch bei Vertriebskooperationen habe ich oft furchtbare Vertriebsabmachungen erlebt. Meist nur kurz Stichpunktartig festgehalten (oder in Form einer schwammigen Email), was dann im Nachhinein zu Unverständnis und bösem Blut geführt hat. Weil man sich nie die Zeit nimmt, Dinge sauber vertragsähnlich zu dokumentieren.

„Ein Start-Up ist keine Spielwiese, auf der alle Rechte ausgeschaltet sind."

Besonders schlecht sind meiner Meinung nach übrigens Regelungen zu Folgeaufträgen und die Dauer für die Provisionen gilt, sowie wer den Kunden betreut und mit ihm in Kontakt steht.

All das hält aber die meisten Start-Up Gründer nicht davon ab, munter selbst Dokumente (Verträge, Vereinbarungen,

Arbeitsverträge) zusammenzustellen, obwohl sie keine Ahnung haben. Zwar kann bei geringwertigen Themen das in Erwägung gezogen werden, aber bei größeren Themen kann es schnell in die Hose gehen. Etwas, aber auch nur unwesentlich besser, ist das Einbeziehen von befreundeten Jura-Studenten. Es gilt das Einhornscheiß-Credo: „wichtige Regelungen und Verträge vom Profi, nicht vom Kommilitonen ausarbeiten lassen."

Schafft Euch daher eine Grundregel für Finanzrisiken

Ich habe irgendwann mal für mich selber die Grundregel gemacht, dass ich für alles was mehr als 1.500€ Finanzrisiko (wenn also mal etwas schief gehen sollte) bewirken kann, professionell anwaltlich abchecken lasse. D.h. Arbeitsverträge, längerfristige Vertriebsvereinbarungen, alle steuerlichen Themen, Gesellschaftervertrag etc. Kein Kuhhandel oder Freundschaftsdienst zum Gratispreis.

„Wenn die rechtlichen Basics nicht stimmen, schafft man keine Grundlage für ein erfolgreiches Unternehmen, sondern hat einen großen Schritt hin zum Start-Up Hobby, bzw. Einhornscheiß gemacht."

Wenn ich an einen alt-eingesessenen Mitt-40er Mittelständler denke (der nicht Mal weiß, was ein Start-Up ist), der hat weder Zeit noch Lust sich mit der eigenen Webseitengestaltung auseinander zusetzen. Zahlt er vielleicht zu viel? Ja, aber er muss nicht selber Tage seines Geschäftsalltags damit verschwenden, Dinge zu tun die keinen einzigen Euro Umsatz bringen.

Genauso käme besagter Mittelständler nie auf die Idee, die Unternehmenssteuerthemen selber anzupacken noch sich selbst abends auf Google Grundlagen des Gesellschaftsrechts anzulesen, bevor er die nächste Firma gründet. Sondern? Man zahlt ein paar Hundert Euro vom Profi und hat a) Sicherheit das Richtige zu tun b) Zeit für anderes c) professionelle Beratung.

Wieso dachte ich damals es sei eine gute Idee, umsonst von einem befreundeten, frischen Jura-Absolventen etwas über die geeignete Rechtsform erfragen zu können? Und einen richtigen, anwaltlich erstellten Vertrag hatte ich wenn ich darüber nachdenke, noch nie gesehen, geschweige denn verwendet....

„Sich einfach mal fragen, was ein alteingesessener, aber erfolgreicher Mittelständler machen würde."

Ja, so doof seid ihr vielleicht nicht, oder habt bereits die Erfahrungen gemacht, aber es gibt sicherlich einige Bereiche in Eurem Start-Up Alltag bei dem ihr in die gleiche Falle wie ich tretet: Der „Ich-Bin-Gründer-Ärmel-Hoch-Geld-Sparen-und-Selbermachen" Fehler. Könnte auch ein Hashtag sein, weil man ja der Start-Up Konkurrenz zeigen muss, dass man es drauf hat (etwas fürs Einhorn-Ego tun).

Lessons learned: Vom Hobby zum erfolgreichen Start-Up

Hobby	Erfolgreiches Start-Up
Pauschal alles selber machen, kein Geld ausgeben, lieber Zeit verschwenden	Einem Profi überlassen, wenn man keine Ahnung hat
Verträge selber zusammen-googeln	Sich die Frage stellen, was im worst case passieren kann (Risikoanalyse); Risiko größer > 1.500€ lieber vom Profi
Glauben, dass für Start-Ups andere Regeln und Gesetze gelten und man daher lockerer mit vielen Themen sein kann („wir spielen nur rum und arbeiten an einer technischen Revolution!")	Ein Start-Up ist eine stinknormale Gesellschaft mit allen geltenden Rechten und Pflichten

Kapitel 4: Zu verkopft und zu akademisch

*„Die Arbeitgebermarkenbildung ist eine strategische Maß-
nahme um sich gegenüber Mitarbeitern und Bewerbern als
attraktiven Arbeitgeber zu positionieren."*
– Eigenes Beispiel für eine viel zu kompliziert geschriebene
Leistungsbeschreibung.

Dieser Teil eines Pitches verdeutlicht sehr schön was ich mit
„Verkomplizierung" und „Akademisierung" meine. Verwendet wurde diese Beschreibung in zahlreichen meiner Unter-
nehmensbroschüren und ist ein super Beispiel dafür, wie es
nicht geht.

Glaubt man dem Deutschen Start-Up Monitor, so haben
etwa vier von fünf Gründern (81,1%) einen Hochschulab-
schluss[5]. Wir werden vom Studium her so darauf trainiert,
Dinge sachlich korrekt zu definieren. Möglichst kompliziert
ausdrücken, mit Ursache-Wirkung-Argumentation statt mit
simpler Nutzenargumentation.

Macht kein Hobby daraus, Euch und Eure Produkte und
Dienstleistungen kompliziert auszudrücken.

---

[5] KMPG, "Deutscher Startup Monitor 2017, Mut und Macher",
2017

Auch im 21. Jahrhundert gilt noch der Grundsatz „was der Bauer (Kunde) net kennt, frisst er net."

Ich bin fest der Meinung, dass die meisten jungen, akademischen Gründer zu kompliziert denken und entsprechend schwer tun mit einer einfachen Produkt- oder Leistungsbeschreibung.

Aus eigener Erfahrung kann ich sagen, dass die Stunden und Wochen für die Texte auf der Webseite und den Pitch-Materialien fast schon unzählbar waren. Für mein Beratungs- und Schulungsunternehmen ging es unter anderem auch um das Thema Employer Branding. Okay, Beratungsleistungen sind grundsätzlich „erklärungsbedürftige Dienstleistungen", aber wenn man sich dann auch noch sehr theoretische Beratungsleistungen ausdenkt wie Employer Branding oder Strategieberatung wird es wirklich schwer. Vertriebsberatung kapiert noch jeder, Steuerberatung auch, aber was ist Employer Branding, was steckt dahinter? Wie grenzt man das ab gegenüber Personalmarketing, Social Media Marketing und was ist denn diese Arbeitgebermarke gegenüber dem Arbeitgeberimage?

„Sobald man erstmal eine Reihe von benachbarten Themen erklären muss, um den Kern der eigene Leistung erklären zu können, hat man schon verloren."

Genau dies war eines der Probleme mit dem Gründungsprojekt der eigenen Beratung. Gepaart mit dem Wunsch, sich akademischer und intellektuell besser darzustellen als einige Konkurrenten, die ähnliche Leistungen anboten, führt genau dies zu einer zu komplizierten Geschichte für potenzielle Kunden.

„Im Zweifel entscheiden sich Kunden für weniger intelligente, aber etablierte und verständliche Lösungen."

Und das gilt auch für Webseiten: Was habe ich zusammen mit anderen Gründern über Konkurrenzwebseiten gelacht, die aussahen wie Relikte aus den 90er Jahren. Nix Parallax, HTML5, oder OnePager-Design, Facebook Integration oder responsive design. Aber in Wahrheit hatten die wenigstens realen Umsatz, weil sie genau darauf keinen Wert gelegt haben, simple Seite, simple Texte, keine Fachwörter, alles gut verdaulich für den Normalverbraucher.

Meine Erfahrung ist, dass man gerade dann in diesen Definitions-Wahn und Erklärungs-Wahn des eigenen Produktes kommt, wenn man zu wenig Kundenfeedback erhalten hat und zu wenig Vertrieb gemacht hat. Warum? Weil man versucht auf logische Art eine Daseinsberechtigung für das Produkt oder die Dienstleistung zu suchen. Man versucht durch die Sprache zu begründen, warum das Produkt wichtig ist. Und je mehr das nötig ist, desto schlechter ist das Produkt/die Dienstleistung.

Ich wette, dass es bei Eurem Start-Up auch die eine oder andere Leistung gibt, bei der ihr euch schwer tut, sie zu beschreiben und zu verkaufen. Schon mal kritisch hinterfragt, ob es überhaupt eine wirkliche Berechtigung für das Produkt gibt?

Woher also wissen, was beim Kunden ankommt? Direkt beim Kunden nachfragen? Theoretisch ja, praktisch aber auch nicht ganz so einfach. Dazu eine kurze Story:

Bei dem Thema Employer Branding hatte meine Beratungsfirma zahlreiche Gespräche mit potenziellen und realen Kunden, wie sinnvoll sie die angebotenen Leistungen finden. In fast allen Gesprächen wurde versichert, dass die Leistung interessant ist und auch etwas neuartiges. Aber gekauft haben die wenigsten. Und auch die Rückfragen nach ehrlichem Feedback, warum es innerhalb der letzten acht Monate Akquisezeit nicht zum Abschluss gekommen ist, war nicht unbedingt auskunftsreich. Teilweise deshalb, weil Kunden einem jungen Gründer wohl kaum die Wahrheit ins Gesicht sagen würden, dass das Produkt/die Leistung völliger Mist ist. Leider neigen die Menschen zur Höflichkeit und wollen keine unnötigen Konflikte. Auch ist es in den seltensten Fällen der Job des Kunden, zu erklären, was alles an dem Produkt nicht passt.

Besonders schwer wird es an ehrliches Feedback zu kommen, wenn das eigentliche Akquisegesprächen (in dem man sich natürlich erfolgreich darstellt, siehe „fake it till you make it") dann auf halber Strecke aber demütig nach ehrlichem Feedback zu den angebotenen Leistungen fragt.

> *„Wie man zu dem perfekten Pitch*
> *kommt, ist bei weitem keine Marketing-*
> *frage. Es ist die Frage nach dem essenti-*
> *ellen Sinn des Produktes. "*

Wenn also selbst der Kunde, der das Produkt kaufen soll, keine ehrliche Meinung abgibt, wer dann? Sofern es keine intellektuell anspruchsvollen Leistungen sind, die nur ein geringer Teil der Bevölkerung versteht, lohnt sich die Einbeziehung von fachfremden Personen.

Das wertvollste Feedback hatte ich von einem Seminarinstitutsleiter bekommen, der nichts mit dem Thema Employer Branding zu tun hatte. Er ließ sich in Ruhe erstmal das Produkt, den Mehrwert und die Konkurrenzprodukte erzählen, bevor er dann recht simpel sagte „das Produkt adressiert ein reines Luxusproblem, dafür würde ich nie Geld ausgeben. Es löst kein essenzielles Problem sondern optimiert nur etwas."

Das klingt erstmal trivial, aber die wenigsten Start-Ups machen sich methodisch Gedanken darüber, was der tatsächliche, innerste Sinn des Produktes ist, das sie anbieten wollen. Stattdessen nehmen viele Start-Ups einzelne Aspekte eines Kundennutzens (z.B. es ist günstiger, modisch, etc.) und sehen darin bereits die Legitimation für den Kauf des Produktes. Ein Kundennutzen lässt sich immer finden, auch für das schlechteste Produkt oder die schlechteste Dienstleistung. Alleine deshalb besteht allerdings noch nicht zwingend ein Kernproblem beim potenziellen Kunden. Das führt oft zu netten, aber nicht wirklich benötigten Produkten. Es wird an etwas gearbeitet, das überhaupt kein wirkliches Bedürfnis oder ein wirklich essenzielles Problem adressiert. Nicht verwunderlich, dass bei den häufigsten Gründen, warum Start-Ups scheitern, die Hitliste wie folgt aussieht:

Platz 1: Keine Nachfrage (no market need), mit 42%,

Platz 2: Geldmangel (ran out of cash), mit 29% und

auch weitere Gründe die in der Liste der Start-Up postmortems zu finden sind, schlagen in die gleiche Kerbe: benutzerunfreundliche Produkte (17%), Produkt ohne passendes Geschäftsmodell (17%), schlechtes Marketing (14%), das Ignorieren von Kundenwünschen (14%).[6]

„Identifiziert den Kernnutzen des Produktes, lasst Branchenfremde einen kritischen Blick drauf werfen und nutzt simple Sprache."

---

[6] CB Insights, „The Top 20 Reasons Startups Fail", 2018

Lessons learned: Vom Hobby zum erfolgreichen Start-Up

Hobby	Erfolgreiches Start-Up
Spaß daran haben, Dinge möglichst akademisch zu beschreiben	Ganz einfache Sprache beim Pitch / allen verwendeten Texten
Zwanghaft versuchen, eine logische Daseinsberechtigung für das Produkt/die Leistung zu finden	Wenn der Nutzen nicht ankommt im Markt und keiner das Produkt vermisst, raus damit aus dem Portfolio

Kapitel 5: Innovation ist nichts für Anfänger

"Schritt 1: Innovation, Schritt 2: ???, Schritt 3: Profit"

Innovation spielt bei Start-Ups eine zentrale Rolle: Start-Ups definieren sich durch eine Innovation, oder ein innovatives Geschäftsmodell[7]. Typischerweise traut man erfolgreichen Start-Ups zu, die bisherige Weltordnung radikal auf den Kopf zu stellen, Stichwort „disruptive Innovation[8]". Beispiele hierfür sind die gerade aufblühenden FinTech Start-Ups, die den angestaubten Bankensektor gründlich aufwirbeln (z.b. durch Technologien wie Blockchain), oder bereits etablierte Disruptionen wie PayPal, was flächendeckend eine neuartige Bezahlart im Internet ermöglicht hat.

Betrachtet man erfolgreiche Unternehmen, die mal Start-Ups waren, glaubt man fast automatisch, dass Einhörner deshalb erfolgreich sind, weil sie eben so innovativ waren, dass der Erfolg beinahe von alleine kam.

Frei nach dem Motto, „je innovativer, desto höher die Chance dass wir erfolgreich sind!" Dabei vergessen viele Start-Up Gründer alle anderen Faktoren, die notwendig sind, um die Innovation zu verwirklichen, zu vermarkten und weiterzuentwickeln.

---

[7] Gabler Wirtschaftslexikon
[8] Disruptive Innovation meint eine derartig radikale Innovation, dass existierende Technologien, Geschäftsmodelle und ganze Branchen grundlegend und radikal verändert werden.

Es herrscht der Glaube, dass es einfacher sei, mit einer Innovation erfolgreich zu sein; dass das Vorhandensein einer Innovation eine Art Erfolgsgarant ist.

„Start-Ups sehen die Innovation als Erfolgsgarant an."

Dies äußert sich darin, dass in Businessplänen der Fokus auf der Innovation liegt: Es wird in epischer Länge von den Vorteilen der Innovation geschwärmt, sagenhafte Hockeysticks projiziert (= phänomenales Umsatzwachstum, teilweise mit Umsatzverdopplung innerhalb kürzester Zeit) und Tabellen mit Vergleichen zu minderwertigen Konkurrenzprodukten aufgezeigt. Das eigene Produkt ist kostengünstiger herzustellen, nachhaltiger hergestellt, vereinfacht bestehende Herstellungsprozess, etc. Kommt, gebt zu, in jedem Businessplan schneidet Euer Produkt im Vergleich zur Konkurrenz besser ab, richtig?

Allerdings ist ein Businessplan eben nur ein theoretischer Plan und ist oft näher an einem Wunschdenken dran, als an einer realistischen Vorhersage.

„Nur weil das Produkt/die Leistung auf dem Papier überlegen ist, ist es das nicht auch am Markt."

Dieses Wunschdenken äußert sich auch darin, Start-Ups kein realistisches Bild auf die Scheiterrate von Innovationen werfen. Das ist teilweise natürlich verständlich, schließlich will man nicht mit dem Scheitern werben, sondern mit der erfolgreichen Innovation.

Es gibt unterschiedliche Studien dazu, wie viel Prozent aller Innovationen (in etablierten) Unternehmen scheitern[9]. Die Wahrheit scheint irgendwo zwischen 30% und 49% zu liegen. Das ist wohlgemerkt bei Unternehmen, die in der Regel über mehr Erfahrung in der Umsetzung von Innovation haben, als Start-Ups, mehr Zeit, Ressourcen und oft mehr Expertise haben.

„Bei etablierten Unternehmen liegt die Innovations-Scheiterquote zwischen 30% und 49%."

Die Zahl wird bei Start-Ups eher noch dramatisch höher liegen. Es ist nun mal eben auch für absolute Profis eine Herausforderung, ein iPhone erfolgreich auf dem Markt zu etablieren. Da sollte man als Start-Up keine unrealistischen Hoffnungen hegen, und denken, dass man höhere Chance auf Erfolg hat. Insbesondere wenn man an die Anfangskapitel zurückdenkt, bei denen es vielen Start-Ups eher um das Tüfteln, das ausprobieren und weniger um das eigentliche Geldverdienen geht.

---

[9] George Castellion , "Myths About New Product Failure Rates", 2013

Selbst für Profis ist es verdammt schwer,
eine Innovation erfolgreich auf den
Markt zu bringen.

Damit überhaupt eine Chance für Start-Ups besteht, die Innovation erfolgreich umzusetzen, sollten einige Basics zuvor erlernt werden:

Es empfiehlt sich, mit etwas nicht-innovativen anzufangen, um die Grundlagen eines Unternehmens und der Umsetzung eines Geschäftsmodells überhaupt mal zu erlernen. Und zwar bevor man sich an irgendeine bahnbrechende Innovation wagt.

Woher kriegt man also die nötige Basis-Ausbildung, bevor man sich an cutting-edge Innovationen trauen sollte?

Bei mir persönlich war dies während der Zeit bei der studentischen Unternehmensberatung: Was ist eine GbR, wie entsteht die, brauche ich dazu ein Firmenkonto oder geht mein privates Konto? Wie schaffe ich es, einen Folgeauftrag beim Kunden zu bekommen? Wie erstelle ich eine Rechnung? Lauter Fragen, die man sich nicht erst stellen sollte, wenn man das neue Google oder Amazon erschaffen will. Ein grundlegendes Unternehmerwissen sollte man auf jeden Fall mitbringen. Hierzu braucht es keine Innovation, um die Basics des Gründerdaseins zu erlernen! Jeder kann eine Beratung gründen, ein Webdesign-Studio, oder eine freiberufliche Tätigkeit ausüben.

Abgesehen von diesen grundlegenden Kenntnissen, empfiehlt sich Branchenerfahrung, Berufserfahrung und vorherige Gründungserfahrung, wenn man das Einhorn der Zukunft gründen mag.[10] So waren laut dieser Einhorn-Studie 83% der Einhorn-Gründer vorher in einem Anstellungsverhältnis tätig und zwar im Durchschnitt 4,8 Jahre lang.

„Erst die Basics lernen, ein langweiliges, einfaches Geschäftsmodell verstehen und anwenden und Berufserfahrung sammeln. Dann kann man sich langsam an etwas wirklich Innovatives herantrauen. "

[10] Prof. Kawohl „Einhorn Dompteure", 2018

Lessons learned: Vom Hobby zum erfolgreichen Start-Up

Hobby	Erfolgreiches Start-Up
Sich auf der Innovation ausruhen; das reicht schon aus für die Cash Cow	Die PS kommen nur dann auf die Straße, wenn auch Businesskonzept dahinter steckt
Man braucht Innovationen um Geld zu verdienen	Mit einer soliden Leistung/soliden Produkt Geld verdienen
Denken dass man in seinem ersten Gründungsprojekt gleich eine bahnbrechende Innovation verwirklichen kann	Die Business-Basics vorher mit einem „langweiligen, nicht-innovativen" Geschäftsmodell gelernt haben

Kapitel 6: Missverständnisse über den Ideendiebstahl

„Wir brauchen noch einen BWLer für unsere Gründungsidee, mehr will ich ohne Geheimhaltungserklärung dazu aber nicht sagen."

Als ich noch im zarten Alter von 19 Jahren an meinem ersten großen Projekt arbeitete (das eine Art Research Gate werden sollte), war ich beinahe verängstigt, darüber zu viel zu sprechen. Es könnte jemand die Idee klauen, die Plattform selber entwickeln und auf den Markt bringen. Also tüftelte ich die ersten sechs Monate vorrangig alleine an einer Ideenskizze, ohne großen Austausch mit Fachexperten, Insidern oder potenziellen Kunden. Ohne es damals zu kapieren, war der Schutzinstinkt meines Gründungsvorhabens größer, als sinnvoll gewesen wäre und letzten Endes ein Faktor für das Scheitern gewesen.

Dass auch andere Gründer dieses Verhalten zeigen, lernte ich erst einige Jahre später. Denn in der Gründer- und Start-Up Szene tummeln sich viele Wissenslücken, wenn es um das Thema Ideendiebstahl und den wahren Wert von Ideen geht.

Erste Wissenslücke: Ideen selbst sind völlig wertlos und taugen oft nicht mal für ein Business

Ideen sind der Ausgangspunkt für ein Gründungsvorhaben, aber isoliert betrachtet völlig wertlos. Denn der Wert der Idee äußert sich in der Umsetzung. Wenn aus einer Idee ein

Geschäftsmodell wächst, eine Verbesserung und Verfeinerung der Idee stattfindet und letztlich erfolgreich am Markt umgesetzt wurde, dann findet Wertschöpfung statt und die Idee ist etwas wert.

„Die reine Idee ist wertlos. Erst wenn aus der Idee ein Geschäftsmodell wird und letztlich Kunden etwas kaufen, ist die Idee etwas wert."

Leider geht mit dieser Wissenslücke auch einher, dass Ideen maßlos finanziell überbewertet werden. Jede noch so kleine Idee wird als das nächste Google oder Amazon dargestellt. Gerade „innovative Ideen" orientieren sich gerne an dem Anspruch, durch ihren disruptiven Charakter die Welt zu verändern und damit Marktenteile geradezu zu verschlingen. Viele Ideen eigenen sich allerdings nicht zur richtigen Ausgründung; vielmehr sind viele Ideen bestenfalls geeignet, etwas Geld nebenher zu verdienen: Meist sind es jüngere Start-Up-Gründer, denen nicht klar ist, was der Unterschied zwischen Geldverdienen und einem Unternehmen aufbauen ist. Nehmen wir ein junges Start-Up Team aus zwei Personen das eine Lern-App entwickeln möchte. Das Team geht davon aus, dass damit gut und gerne 20.000€ Potenzial pro Jahr drin steckt. Klingt erstmal gut.

Nach circa 6 Monaten Arbeit, Entwicklung, Netzwerken, Businessplanschreiben ist die App fertig im Store erhältlich. Dass gleich das volle Potenzial ausgeschöpft ist, ist sehr unrealistisch (würde ja eine Akquise Quote von 100% bedeuten), also gehen wir eher von 30% aus, also 6.000€. Angenommen die sonstigen Kosten sind 0€ weil vielleicht ein

Entwickler und ein Marketing- und Designprofi das Team bilden; angenommen es würden keine Gründungskosten anfallen, so wären das 3.000€ pro Kopf. Für sechs Monate Arbeit wären das gerade mal 500€ pro Kopf. Das ist näher an einem Hobby oder einem Nebenverdienst dran, als an einem fetten Business.

„Nur weil man im besten Fall mit der Idee Geldverdienen kann, ist es nicht unbedingt wert, ein Unternehmen daraus zu machen."

Was ich damit aussagen möchte, ist, dass nicht jede Geschäftsidee es wirklich auch wert ist, mit voller Energie (und mit vollem Zeiteinsatz) als Unternehmen umgesetzt zu werden. Vielmehr kann es eine Gelegenheit sein, die „Basics" (siehe Innovationskapitel) zu lernen, wenn es denn mal wirklich darauf abgesehen hat, ein Einhorn zu gründen.

Immer noch nicht ganz überzeugt? Okay, denken wir den Fall weiter: Das Gründerteam hat nicht direkt nach dem Studium Vollzeit an der App gearbeitet, sondern sofort einen relativ gut bezahlten Job im Consulting bekommen, konservativ gerechnet mit einem Einstiegsgehalt von jeweils 48.000€, was monatlich Netto etwa 2.400€ bedeutet. Auf sechs Monate gerechnet wären das pro Kopf etwa 14.400€. Rechnet man das durch die Entwicklung der App verlorene Gehalt ein (Opportunitätskosten), erscheint die App-Idee auf einmal wirklich unattraktiv, oder?

„Unterscheidet zwischen einer netten Idee und einem richtigen Business. Wenn etwas kein großes Potenzial hat, ist es nicht wert, auf einen Vollzeitjob zu verzichten."

Zweite Wissenslücke: Geheimniskrämerei als Todesursache

Fast alle heute erfolgreichen Unternehmen, hatten ursprünglich eine andere Vorstellung davon, was sie mal verkaufen werden. Ein anderes Geschäftsmodell, ein anderes Kundensegment. Die meisten heute erfolgreichen Start-Ups haben ihre ursprüngliche Idee weiterentwickelt, durch Feedback zum Geschäftsmodell, beispielsweise von Kunden, Investoren, oder Branchenexperten. Oft sind dies sogar radikale Umstellungen des gesamten Geschäftsmodells[11]. Eine Ursache dabei, dass jeder Geschäftsplan und jedes Geschäftsmodell auf vielen Annahmen und theoretischen, nicht in der Praxis erprobten, Kalkulationen und Berechnungen besteht. Je mehr man in der Praxis dazulernt, desto mehr muss man „nachbessern". Nicht ohne Grund heißt es oft, dass der erstellte Business Plan den ersten Kundenkontakt nicht überlebt.

---

[11] Getting to Plan B: Breaking Through to a Better Business Model, J. Mullins, R. Komisar, 2009

Das Nicht-darüber-reden führt also häufig zum Scheitern des ganzen Vorhabens. Hätte ich damals früher mit technisch begabteren Leuten gesprochen, hätte ich viel früher eine Prototypen-Webseite gehabt, hätte ich früher mit Professoren über Content gesprochen, hätte ich früher Feedback erhalten und erfahren, dass es bereits ein Research Gate gibt. Stattdessen blieb das Projekt eine theoretische Übung mit etwas eingestaubten Quellcode.

„Holt Euch Feedback ein, arbeitet nicht
im stillen Kämmerlein."

Ihr müsst über Eure Idee mit relevanten Personen sprechen, die einem weiterhelfen. Einem helfen können, ein Minimalprodukt für einen Testkunden zu bauen, einem Feedback geben und letztlich dabei helfen, eine Entscheidung zu treffen, ob die Sache klappen kann oder Einhornscheiß ist.

Dritte Wissenslücke: Verschwiegenheitserklärungen und warum niemand mit Eurer Idee davonrennt

Zu Beginn des Kapitels hatte ich davon gesprochen, dass man als Gründer immer einen gewissen Schutzinstikt hat. Dass man Angst hat, jemand könne die Idee klauen, umsetzen und das ganze Geld einstreichen, dass man sich selbst schon gedanklich erarbeitet hat.

Da ist es auch nicht verwunderlich, dass viele Gründer stolz mit einer Geheimhaltungsvereinbarung (NDA = Non-Disclosure Agreement) um die Ecke kommen. Die haben sie natürlich selbst zusammengebastelt (siehe Kapitel 2). Über den Sinn oder Unsinn von NDAs mag ich mich nicht äußern, ich bin kein Jurist und dazu beraten kann ich nicht. Allerdings sollte man sich klar machen, dass man sich damit eine weitere Hürde schafft. Denn wenn für jedes freundschaftliche Gespräch, bei dem die Idee vorgestellt wird und man sich Feedback wünschst, gleich ein 6-seitiges Dokument herausgezogen wird, stirbt der kreative Funke des Gegenübers schnell wieder. Sicherlich gibt es viele Fälle, in denen ein NDA überlebensnotwendig ist, wenn es unter anderem um patentrechtliche Fragestellungen gehen kann, aber ich behaupte, es gibt wesentlich mehr Gründe gegen ein NDA.

Insbesondere wenn man noch sehr früh in dem Gründungs-Life Cycle ist. Denn die meisten Ideen sind anfangs noch zu unausgereift und ändern sich wahrscheinlich noch mehrmals, bis die finale, erfolgreiche Zauberformel dann gefunden wurde. Auch unter dem Hintergrund, dass die bloße Idee ohnehin nicht schutzwürdig ist und auch ohne dazugehöriges Geschäftsmodell keinen Wert hat.

An dieser Stelle möchte ich auch vor Gründernteams warnen, die noch „Nachwuchs" suchen. Also eventuell noch einen BWLer oder IT-ler in ihrem Team benötigen, aber nicht viel über ihr Vorhaben sagen möchten. Mir liefen zahlreiche Gründungsbegeisterte über den Weg, die voller Stolz sagten, dass sie über ihre Start-Up Idee nicht öffentlich sprechen wollen.

„Blender-Alarm: Ein Gründerteam das
nicht über seine Idee sprechen mag."

Meist diejenigen, die noch nicht mal ein Team zusammen hatten, kein Business Model Canvas, kein Businessplan, nichts. Von dieser Kategorie Gründer würde ich Abstand nehmen, weil sie keinen Plan haben, wie sie ihre PS auf die Straße kriegen, weil sie die Business-Grundlagen nicht drauf haben. Sie kapieren nicht, dass unausgearbeitete Ideen völlig wertlos sind und eine Zeitverschwendung für alle involvierten Personen sind.

„Aber ohne NDA klauen die doch meine Idee und werden reich!" Jeder, der schonmal ein Unternehmen gegründet hat und mindestens ein Jahr lang „betrieben" hat, weiß, was alles zu einer Gründung dazu gehört: Rechtliche Themen, finanzielle Themen, steuerliche Themen und noch viel mehr. Das ist für die meisten Berufstätigen eine ernstzunehmende Doppelbelastung (Job und Ausgründung). Das macht man in der Regel nicht für jede dahergelaufene Idee, die nicht gerade nach Jackpot riecht.

„Vergesst nicht, was für ein Aufwand hinter dem Diebstahl und der erfolgreichen Umsetzung Eurer Idee steckt. Das macht man nicht einfach mal so."

Das mag man selbst nicht wahrhaben, denn schließlich ist es ja seine Idee, sein Baby, sein Traum unter Umständen. Man sieht die Welt natürlich aus seiner (begrenzten) Perspektive und unterstellt jedem anderen, den Wert der Idee genauso hoch einzuschätzen.

Lessons learned: Vom Hobby zum erfolgreichen Start-Up

Hobby	Erfolgreiches Start-Up
Gründungsidee als Top Secret behandeln	Frühzeitig in Kontakt kommen, Feedback bekommen, challengen lassen
Nur darüber reden, aber nichts konkretes ausarbeiten, was man beurteilen oder bewerten könnte	Aus der Idee einen konkreten Case basteln: Business Model Canvas ausarbeiten, potenzielle Kundenmeinungen einholen
Idee direkt als Business ansehen	Wenn es nicht innerhalb weniger Jahre zu einem vollwertigen Gehalt ansteigt, ist es ein Hobby.

Kapitel 7: Was Start-Ups von Konzernen lernen können

Derzeit gibt es eine stetig wachsende Anzahl an Büchern, die Unternehmen und gerade Konzernen beibringen wollen, wie man mehr wie ein Start-Up denken und handeln kann, bzw. was Unternehmen von Start-Ups lernen können: Seid innovativer, schafft eine Fehlerkultur, oder bietet flexiblere Arbeitszeiten! Zugegeben, viele Unternehmen können in der Tat noch etwas dazulernen, um „zeitgemäßer" auf die Ansprüche der jungen Generation einzugehen.

Ich finde, man kann aber auch gut den Spieß umdrehen und fragen, was Start-Ups von Konzernen lernen können, um noch etwas erfolgreicher zu sein. Denn schließlich geht es beim Einhornscheiß ja genau darum, sein Business nicht wie ein Hobby zu behandeln, sondern professionell und erfolgreich zu führen.

Auf den folgenden Seiten findet ihr eine Auswahl an wichtigen Grundlagen, ohne die ihr meiner Meinung nach kein erfolgreiches Start-Up aufbauen könnt.

Ziele setzen

Konzerne sind Planungsmaschinen; es wird alles mit Zielen versehen, um im Nachgang die Zielerreichung oder –Abweichung feststellen zu können: Mitarbeiterziele, Unternehmensziele, Budgetziele, Kosteneinsparziele, und vieles mehr. Das macht in dem Umfang natürlich keinen Sinn für ein recht frisches Start-Up und es sind Dinge die Start-Ups vielleicht nicht sexy finden.

Allerdings haben Ziele auch eine Berechtigung: Man muss darüber nachdenken, was man erreichen kann/will und man kann nachverfolgen, ob man die Ziele erreicht hat. Es ist also sowohl für Planung als auch für Kontrolle wichtig. Ohne Ziele dümpelt man planlos vor sich hin, geht im Alltagsgeschäft verloren und fokussiert sich nicht auf die wirklich wichtigen Dinge im Start-Up.

Allerdings fällt es Konzernen leichter, Ziele zu setzen. Einerseits weil sie natürlich mehr Erfahrung darin haben, andererseits weil sie aufgrund ihrer Unternehmenshistorie mehr Daten zu realistischen Zielen haben. Was für Start-Ups schwierig ist, wie beispielsweise ein Umsatzziel oder Wachstumsziel, ist für Konzerne ein Blick in die vergangene Jahresplanung.

Definieren von Umsatzzielen

Ich finde, an erster Stelle sollten konkrete Ziele für das laufende Jahr festgesetzt werden (z.B. konkreter Umsatz bis Jahresende) und auch mit klaren Konsequenzen versehen werden. In fast allen Start-Ups habe ich lediglich pro forma Ziele im Business Plan gesehen. Die wurden aber nie wirklich ernst genommen und oft sogar bei Nicht-Einhalten einfach unverändert stehen gelassen. Leider auch bei einem meiner Gründungsprojekte. Das Ziel war ein Umsatz im zweiten Jahr von 60.000€, im dritten Jahr 90.000€. Es wurde sogar festgehalten, dass der Laden dicht gemacht wird, wenn wir statt der 60.000€ nur 24.000€ erzielen sollten. Dieser drastische Schritt war wichtig, da das erste Jahr überhaupt keinen nennenswerten Umsatz brachte und es im zweiten Jahr besser werden musste. Was passierte? Der Umsatz lag bei ca. 22.000€ aber das Business wurde weitergeführt, weil

„es ja super viele Angebote in der Pipeline gibt". Auch im dritten Jahr war man weit von dem Ziel der 90.000€ entfernt. Gab es auch da eine Konsequenz? Nein. Leider findet man leicht eine Ausrede und tappt selbst in die Blenderfalle.

„Bitte klare Ziele festlegen, Konsequenzen bei Nicht-Einhalten bestimmen und auch durchziehen!"

Typischerweise sind Ziele nach dem SMART-Prinzip zu gestalten (spezifisch, messbar, ausführbar, realistisch und terminiert). Das Prinzip hilft einem dabei, die Bestandteile von Zielen zu berücksichtigen und nichts dabei zu vergessen. Denn wenn man an Ziele denkt, macht man sich die Sache oft leicht: Ich will Umsatzwachstum, ich will 3 Neukunden, ich will die neue App auf den Markt bringen. Das wäre zu unkonkret und nicht nach dem SMART-Prinzip ausformuliert:

Spezifisch meint dabei, dass sie unmissverständlich und klar definiert sein sollten. Denn aus einem guten Ziel muss hervorgehen, was eigentlich erreicht werden soll: Geht es um Umsatzsteigerung, Wachstumsbeschleunigung, Gewinnung von Neukunden, oder um qualitative Dinge, wie Kundenzufriedenheit und Produktqualität?

Messbar meint, dass das Ziel konkret messbar sein muss, damit man es später beurteilen kann. Denn schließlich wollen wir nachverfolgen können, ob wir am Ende des Jahres das Ziel erreicht haben oder nicht. Daher bieten sich einfache messbare Kriterien an. Bei der Neukundengewinnung kann das die Anzahl an Neukunden sein (3 Neukunden), bei Umsatzsteigerung zum Beispiel die Umsatzsteigerung in Prozent (10% Umsatzsteigerung).

Ausführbar (im englischen eigentlich actionable) meint dass es auch möglich sein muss, das Ziel umzusetzen. Ein Ingenieur wird kaum ein Vertriebsziel von 20 Neukunden erfüllen können, ein Vertriebler wiederum nicht die Erhöhung der Produktqualität.

Realistisch bedeutet, dass die gesteckten Ziele erreichbar sein sollen. Wir träumen alle vom Einhorn, dass jedes Jahr 100% wächst, aber so wahnsinnig realistisch ist es leider nicht. Ziele sollen anspruchsvoll aber immer realistisch sein. Zu hohe und unrealistische Ziele haben einen negativen Effekt auf die Motivation, da man das Gefühl hat, sie ohnehin nie erreichen zu können. Daher sollte man die vorgeschlagenen Ziele immer etwas auf Plausibilität prüfen (beispielsweise durch eine grobe Kalkulation, wie viele Neukunden überhaupt zeitlich abgearbeitet werden können, oder wie viel Umsatzwachstum mit der aktuellen Anzahl an Vertrieblern machbar ist).

Und schließlich müssen Ziele eine klare Timeline haben, also einen Stichtag, an dem die Ziele überprüft werden sollen. Häufig zum Ende des Jahres oder auch zum Ende des Quartals.

Projektmanagement und Reporting

Start-Ups haben oft kein professionelles Projektmanagement. Das fängt an bei Meeting-Protokollen, geht weiter mit Projektdokumentation und endet bei der simpelsten Planung der nächsten Monate. Ich habe Start-Ups gesehen, die wichtige Informationen aus Kundengesprächen verschlampt haben, Visitenkarten von interessierten Kunden verloren gegangen sind und teilweise sogar nicht mal ihre Rechnungen archiviert und abgeheftet haben. Kundentermine wurden verschlafen, Arbeitszeit falsch eingeplant, und wichtige Deadlines gerissen.

Das ist allerdings nichts Spezifisches für Start-Ups. Man braucht sich nur einmal einige Zahlen, Daten und Fakten zu dem Thema Projektmanagement anzuschauen:

„75% der Projektmitarbeiter sind von Anfang an vom Scheitern ihrer Projekte überzeugt"[12]. Das ist leider auch nicht verwunderlich, wenn man zugleich in Betracht zieht, dass nur 41% der Projektmanager ein stringentes Projektmanagement einsetzen[13], obwohl in der gleichen Umfrage eine klare Korrelation aufgezeigt wird, dass effektives Projektmanagement den Projekterfolg bedingt.

---

*Ein Start-Up aufzubauen ist ein großes
und komplexes Projekt mit unzähligen
Zwischenschritten. Warum also nicht wie
ein professionelles Projekt managen?*

---

[12] Geneca LLC (2011). Doomed from the Start? Why a Majority of Business and IT Teams Anticipate Their Software Development Projects Will Fail
[13] KPMG (2013). Projekt Management Survey Report 2013. Strategies to capture Business Value. P.12.

Ein regelmäßiges Reporting ist fester Bestandteil des Projektmanagements. Dies beinhaltet regelmäßige (z.B. monatliche) Updates über wichtige Informationen, wie unter anderem Umsatzentwicklung, Projektstatus, Projektrisiken, anstehende Milestones, überfällige Aufgaben von Kollegen. Die konkrete Ausgestaltung hängt natürlich von dem jeweiligen Start-Up und dem Produkt/der Dienstleistung ab.

„Macht bitte zumindest ein monatliches Reporting: Wo stehen wir, was steht an, wo drückt der Schuh, was ist der Projektstatus und wie sieht es mit den Finanzen aus?“

Dabei sollte man das Projektmanagement und Reporting nicht nur konkret auf Projektebene sehen, sondern auch auf Unternehmensebene. Denn ihr managt ein Start-Ups, was unweigerlich dazu führt, dass ihr einen Überblick über die Produktentwicklung, die Kundenakquise, die Kosten, die Einnahmen, Cash Flow und viel mehr haben müsst. Stellt euch zumindest quartalsmäßig die Frage, was ein Investor euch fragen würde und welche Informationen dieser gerne sehen würde. Ihr solltet zwar nicht 30-seitige Reports generieren, aber kurze und präzise Finanzaussagen treffen können: Was ist aktuell auf dem Konto, was geht die nächsten 30, 60, 90 Tage an Geld ein, wo entstehen möglicherweise Probleme im Cash Flow? Welche Kunden werden in den nächsten Monaten gewonnen, welche Kosten stehen an? Verknüpft es auch immer mit den Zielen, die ihr zuvor festgelegt habt. Denn wenn hier die Planung und die Realität zu weit auseinander klaffen, ist dies ein Warnsignal: Habt ihr euch überschätzt und habt zu positiv kalkuliert? Seid ihr schon länger hinter den geplanten Zielen, solltet ihr analysieren, warum dies so ist. Denkt daran, dass ihr Konsequenzen ziehen müsst, wenn ihr die Ziele nicht erreicht, denn sonst lauft ihr Gefahr, ein Hobby aufzubauen und kein rentables Start-Up.

Stellt sich noch die Frage, wie man den Alltag im Start-Up ohne komplexe Kooperationstools steuern kann. Denn ihr solltet auch bei kleineren Teams eine Möglichkeit haben, Aufgaben zu verteilen, den Stand der Aufgabenbearbeitung zu sehen, die Deadlines auf einen Blick zu haben und wichtige Mitteilungen an das Team zu senden. Aus eigener Erfahrung hat sich dabei ein einfaches Tool wie Basecamp erwiesen: Basecamp ist ein Tool, das einfach To-dos für das Team erstellen lässt, die Teamkommunikation erleichtert und dabei nicht kompliziert zu verstehen ist. Es ist eine sehr visuelle und einfache Möglichkeit, Teams und Aufgaben zu managen.

„Sucht Euch eine einfache Lösung, bei der ihr Aufgaben definieren könnt, Deadlines setzen könnt und überfällige Aufgaben leicht identifizieren könnt."

Ein simples Risiko-Radar nutzen

Starrt-Ups verlieren sich oft im Tagesgeschäft: Der Hype um einen Testkunden, der Re-Launch der neuen Webseite, ein vielversprechendes Investorengespräch.

Damit man wichtige mittel- bis langfristige Ziele nicht aus den Augen verliert, sollte man ein simples Risiko-Radar nutzen: Die drei oder vier Business-Risiken, die man unbedingt vermeiden möchte, sollte man vorab identifizieren. Zum Beispiel, dass der Prototyp zu spät fertig wird, dass man einen wichtigen Großkunden verliert oder einige wichtige Mitarbeiter nicht mehr bezahlen kann. All jene Risiken, die einem gehörig in die Start-Up-Suppe spucken können, sollte man vorher herausfinden. Diese Risiken können Finanzrisiken, Reputationsrisiken, Patentrisiken, Technologierisiken sein, oder weitere. Generell sollte man sich zwei simple Fragen stellen „was hat einen großen Einfluss auf unsere Ziele?" und „was kann durchaus realistisch eintreten?" Denn theoretisch gibt es unzählige Risiken im Alltag, aber nicht alles ist der Rede wert und wirklich ein potenzieller Killer fürs Business.

Teil eines guten Reportings und Projektmanagements sollte es sein, einige wenige aber verhängnisvolle Risiken zu identifizieren.

Erinnert ihr Euch an mein eigenes Beispiel mit der 1.500€ Regel? Sobald eine Wahrscheinlichkeit besteht, dass etwas schief geht und diesen finanziellen Wert übersteigt, lasse ich lieber den Profi ran. Beispielsweise bei Arbeitsverträgen,

Gesellschaftsverträgen, Vertriebsvereinbarungen und ähnlichen. Warum? Durch eine schlampige, selbstgebastelte Vertriebsvereinbarung können schnell Streitigkeiten über die Provision für ein größeres Projekt entstehen und es mal schnell um 20-30.000€ gehen.

Daher der Tipp: Macht Euch eine eigene kleine Übersicht, wenn ihr Eure Risiken auflistet. Seht es als eine Art „Frühwarnsystem" für Euer Unternehmen. Denn wenn die Risiken erstmal erkannt sind, kann man einige gezielte Maßnahmen definieren. So wie im Beispiel mit dem „Profi ranlassen". Es war eine gezielte Maßnahme, um das Risiko zu minimieren.

Die Business-Idee bottom-up bewerten

Jede neue Business-Idee, bzw. jede neue Gründung braucht eine realistische Kalkulation. In jedem Businessplan sieht man phänomenale Wachstumskurven prognostiziert, der Umsatz verdoppelt sich jedes Jahr. Klingt gut, aber ist ein Wunschdenken und hilft nicht dabei, sich für oder gegen eine Gründung zu entscheiden.

Wichtiger ist eine realistische Einschätzung, was mit den gegebene Ressourcen (Personal und Finanziell) möglich ist. Also konkret: Was können ein oder zwei Mann im Unternehmen tatsächlich an Vertrieb leisten? Statt von der anderen Seite zu kommen und die Frage zu stellen „was ist das Maximum an Kunden da draußen, die das Produkt kaufen könnten?" Bei einem Zwei-Mann Gründerteam bleibt pro Person nicht mehr Zeit als 40% der Zeit Vertrieb zu machen. Die andere Zeit geht mit „administrativen Tätigkeiten" (Steuerliche Themen, mit dem Vermieter rumärgern, Rech-

nungen drucken und abheften), oder „Zeitvernichtungsakti-
vitäten" (Praktikanten einarbeiten und weiterentwickeln,
CRM System optimieren, Webseite aufhübschen) oder „pro-
jektbezogenen Aufgaben" drauf (die Projekte abwickeln, o-
der die verkaufte Leistung abarbeiten). Macht also zwei
Tage Vollzeit für Akquise pro Person. Wenn man 20 Kundengespräche à eine Stunde benötigt, um einen einzelnen
Kunden zu gewinnen (Erfolgsquote von 5%), wäre das ca.
ein Kunde pro Woche.

> *„Wie viel kann das Unternehmen wirk-*
> *lich realisieren, wenn man realistisch*
> *kalkuliert?"*

Die Start-Up Policy

Wer schon Mal in einem Konzern gearbeitet hat, weiß, dass
es für alles eine Unternehmensrichtlinie (Policy) gibt: Für
die Zusammenarbeit mit Lieferanten, die Verhaltensrichtli-
nie, die Social-Media Policy und weitere. Das braucht wirklich kein Start-Up in dem Maße. Schließlich sind Start-Ups
flexibel, innovativ, jung und dynamisch. Da ist keine Zeit
für Dokumente die nur in der Schublade landen.

Was ich allerdings vermisst habe bei meinen Start-Ups war
ein kurzes einseitiges Dokument, das einige Spielregeln und
No-Gos regelt. Dies war bei alle meinen Start-Up Projekten
in Schweden Pflicht und eine unterschätzte „Waffe" gegen

Probleme und Missverständnissen im Gründungsteam. Generell kann es natürlich jeder gestalten wie er es mag, aber einige sinnvolle Inhalte sind diese hier:

- Welche Werte sind dem Team wichtig
- Was ist die Ambition und Vision des Vorhabens
- Wie werden Entscheidungen getroffen
- Arbeitszeit (wer hier schon schreibt, dass er vor 9 nicht im Office ist, hat hier nichts zu suchen)
- Kommunikation intern und extern
- Gos und No-Gos innerhalb des Teams
- Wenn jemand gegen dies Dokument verstößt, wie wird es geregelt (Konfliktmanagement)

Das einseitige Dokument wurde übrigens unterschrieben und aufbewahrt und ab und an kontrolliert. Das schafft ein gewisses Commitment und bringt eine gewisse Ernsthaftigkeit ins Spiel; gerade am Anfang schon wichtig.

Den eingeschlagenen Kurs durchziehen

Start-Ups brüsten sich gerne damit, wie flexibel sie ihr Geschäftsmodell auch mal umwerfen können und rasch auf etwas Neues einstellen können (Stichwort „pivot", Eric Ries „Lean Start-Up"). Natürlich ist es wichtig, nach dem Motto „fail early fail hard" zu probieren, was am Markt funktioniert und was nicht und entsprechende Anpassungen im Geschäftsmodell vorzunehmen. Aber ich selbst habe zahlreiche Start-Ups gesehen, die alle vier Monate ihr Geschäftsmodell ändern, oder ganze Dienstleistungspaletten oder Produktpaletten umwerfen. In vier Monaten ist es aber sehr selten möglich, etwas am Markt zu probieren, Feedback zu erhalten und Verbesserungen einzupflegen.

In großen Unternehmen werden 3- oder 5- Jahrespläne erstellt, mit konkreten Zielen. Schlagartige Wechsel oder Änderungen gibt es eher im Ausnahmefall. Eine vorher klar definierte Richtung wird also eingeschlagen und erstmal durchgezogen. Nur weil ihr Euer Geschäftsmodell gänzlich ändern könnt, sollte es nicht zu häufig passieren.

Bei vielen Start-Ups, bei denen eine größere Änderung am Geschäftsmodell oder auch nur ein Wechsel in ein komplett anderes Kundensegment, hat es gut 6 Monate gedauert, bis man den Wechsel überstanden hat und wieder Ahnung hat wo man steht. Jeder Richtungswechsel, egal wie bedeutsam, kostet erstmal Zeit.

Kapitel 8: Die wichtigsten Aussagen des Buches

Auch wenn das Buch recht kurz und knapp geschrieben ist, sind hier nochmal zusammenfassend die wichtigsten Aussagen:

Kapitel 1:

Sich nicht vom vermeintlichen Erfolg anderer Gründer beindrucken oder gar blenden lassen. Fake it till you make it ist allgegenwärtig.

"Fake it till you make it" ist keine Strategie, sondern Verzweiflung.

„Einem selbst kommt das eigene Ergebnis immer wie ein Kunstwerk vor; in der Realität ist es oft minderwertiger Mist, der keinen Mehrwert für den Kunden bietet."

„Woher wisst ihr, was hinter einem Unternehmen wirklich steckt?"

„Auf welche Art und Weise könnt ihr in Eurem Start-Up Blender-Firmen rausfiltern, um nur mit soliden Unternehmen zusammenzuarbeiten?"

Kapitel 2:

Das eigene Start-Up darf keine Beschäftigungstherapie werden, sondern muss Umsatz bringen. Die einzige KPI die im Zimmer hängen sollte heißt „HEUTIGER UMSATZ". Ein Start-Up ist kein hipper Life Style sondern ein Job.

„Ein Unternehmen soll Umsatz machen, aber Start-Ups geht es um Selbstverwirklichung. Was tut ihr dagegen?!"

„So lange ein Kunde nicht zahlt, ist er kein Kunde. Verbale Kundenversprechen bedeuten nichts, NICHTS."

„Täglich auf eine Exceltabelle zu schauen, die "0" Euro aufzeigt, ist traurig, aber vermittelt eine gewisse Dringlichkeit, endlich Geld zu verdienen."

„Macht Euch eine Woche lang mal den Spaß und schreibt auf, wofür ihr wie viel Zeit verwendet. Wenn ihr ehrlich dokumentiert, werdet ihr später schockiert sein, wie wenig Zeit für wirklich wichtige und sinnvolle Dinge verwendet wird!"

„Praktikanten-Horde, perfektes Back-Office einrichten, übertrieben komplizierte Projektmanagementtools konfigurieren sind hervorragende Zeitfresser! Wofür geht bei Euch die meiste Zeit drauf?"

„Geht tagtäglich zu potenziellen Kunden, bekommt Feedback zur Leistung/zum Produkt, testet es und bekommt

Empfehlungen, vielleicht ist ein Glücktreffer dabei (großer Kunde)"

„Wenn nicht jeder im Team aktiv im Vertrieb ist, packt gleich ein."

„Die Frage ist nicht OB Vertrieb von jedem gemacht wird, sondern WIE ihn jeder individuell gestaltet."

„Wenn im Start-Up schon lauter blinde (Vertriebs-)Hühner sind, dann sollten möglichst alle Hühner nach ein paar goldenen Körnern suchen."

Kapitel 3:

Geiz ist nicht Geil – Bootstrapping ist im Kern richtig, aber führt oft zu wahnsinniger Zeitverschwendung.

„Leute in Start-Ups sind gut darin, alles selber machen zu wollen, kein Geld auszugeben und sind damit erstklassige Zeitvernichtungs-Entrepreneure."

„Wer erschafft im oder außerhalb des Start-Ups IP das abgedeckt werden müssen?"

„Ein Start-Up ist keine Spielwiese, auf der alle Rechte ausgeschaltet sind."

„Wenn die rechtlichen Basics nicht stimmen, schafft man keine Grundlage für ein erfolgreiches Unternehmen, sondern hat einen großen Schritt hin zum Start-Up-Hobby, bzw. Einhornscheiß gemacht."

„Sich einfach mal fragen, was ein alt-eingesessener, aber erfolgreicher Mittelständler machen würde."

Kapitel 4:

Keep it simple, stupid (KISS) beachten. Achtung vor dem Hang, Erklärungen vom Produkt, des Unternehmens und den Leistungen zu verkomplizieren und zu akademisch zu gestalten. Nur weil man etwas eloquent ausdrücken kann, ist es nicht unbedingt besser.

„Was der Bauer (Kunde) net kennt, frisst er net."

„Sobald man erstmal eine Reihe von benachbarten Themen erklären muss, um den Kern der eigene Leistung erklären zu können, hat man schon verloren."

„Im Zweifel entscheiden sich Kunden für weniger intelligente, aber etablierte und verständliche Lösungen."

„Wie man zu dem perfekten Pitch kommt, ist bei weitem keine Marketingfrage. Es ist die Frage nach dem essentiellen Sinn des Produktes."

„Identifiziert den Kernnutzen des Produktes, lasst Branchenfremde einen kritischen Blick drauf werfen und nutzt simple Sprache."

Kapitel 5:

Innovation ist kein Musskriterium, insbesondere wenn es genauso gute Alternativen gibt. Wenn Kunden die innovative Lösung nicht verstehen, bleiben sie bei dem Altbekannten und Bewährten.

„Innovation ist kein Erfolgsgarant."

„Nur weil das Produkt/die Leistung auf dem Papier überlegen ist, ist es das nicht automatisch auch am Markt."

„Erst die Basics lernen, ein langweiliges, einfaches Geschäftsmodell verstehen und anwenden. Dann kann man sich langsam an etwas wirklich Innovatives herantrauen."

„Berufserfahrung, Branchenerfahrung und Gründungserfahrung sind häufige Merkmale von erfolgreichen Einhorn-Gründern."

„Leute finden das Leben im Start-Up cool, aber legen kein Wert auf Geldverdienen. Den meisten geht es eigentlich nicht darum, ein Business aufzubauen, sonst würden sie eine weniger innovative, aber dafür solide Geschäftsidee verwirklichen."

Kapitel 6:

Nicht über das Start-Up oder die Gründungsidee zu sprechen ist Blödsinn und vertane Zeit. Kaum jemand wird Dein Geschäftsmodell klauen.

„Holt Euch Feedback ein, arbeitet nicht im stillen Kämmerlein."

„Die reine Gründungsidee ist wertlos."

„Nur weil man im besten Fall mit der Idee Geldverdienen kann, ist es nicht unbedingt wert, ein Unternehmen daraus zu machen."

„Trennt zwischen einer netten Idee und einem richtigen Business. Wenn etwas kein großes Potenzial hat, ist es nicht wert, auf einen Vollzeitjob zu verzichten."

Kapitel 7:

Übernehmt einige wichtige „ways of working" wie man es im Konzern auch hat. Dies sind insbesondere folgende Themen:

- Konkrete Ziele
- Projektmanagement und Reporting
- Risiken frühzeitig erkennen
- Start-Up Policy
- Businessideen realistisch bottom-up berechnen
- Den Kurs durchziehen

Übrigens, auf www.einhornscheiss.de gibt es weitere Artikel. Damit vermeidet Ihr weitere Start-Up-Fehler. Wer Facebook bevorzugt, kann auch da auf einen Like vorbeikommen ☺

Als Dank für das Lesen des kompletten Buches ist hier noch ein Foto aus der Start-Up-Community in Schweden:

Das Foto stammt aus meiner Zeit in Schweden, als ich gemeinsam mit zehn weiteren Teams an den Einhörnern der Zukunft gearbeitet habe. Im Hintergrund ist übriges mein Lieblings Motivationsbild aus der Zeit, Warren Buffett, der „Nice One, Buddy" wünscht – man darf halt auch noch träumen in der Start-Up Welt.

Literaturverzeichnis

Castellion, G. (2013). Myths About New Product Failure Rates.

Insights, C. (2018). The Top 20 Reasons Startups Fail.

Institut, K. (2017). ARBEITEST DU NOCH ODER LEBST DU SCHON?

International/zukunftsinstitut, S. (2013). Generation Y. Das Selbstverständnis der Manager von morgen.

J. Mullins, R. K. (2009). Getting to Plan B: Breaking Through to a Better Business Model.

Kawohl, P. (2018). Einhorn Dompteure.

KPMG. (2013). Projekt Management Survey Report 2013. Strategies to capture Business Value.

KPMG. (2017). Deutsche Start-Up Monitor 2017.

LLC, G. (2011). Doomed from the Start? Why a Majority of Business and IT Teams Anticipate Their Software Development Projects Will Fail.

Specht, P. D. (2018). *Gabler Wirtschaftslexikon.* Von https://wirtschaftslexikon.gabler.de/definition/innovation-39624 abgerufen

Vala Halldorsdottir, S. V. (Regisseur). (2012). *The Startup Kids* [Kinofilm].